1%の社長しか知らない銀行とお金の話

小山昇
株式会社武蔵野
代表取締役社長

あさ出版

拝見させていただきました。

大げさに申し上げると「銀行員による銀行についての暴露本」にも近いくらい、よく銀行のことをおわかりであることに驚きました。

たくさん線を引かせていただきましたが、法人営業に携わる者には全員読ませようと思います。


金融機関・現役支店長（本書17ページより一部抜粋）

「小山昇の“実践”銀行交渉術」シリーズの使い方

❶

本書ならびに『無担保で16億円借りる小山昇の〝実践〟銀行交渉術』『99％の社長が知らない銀行とお金の話』（ともにあさ出版）を購入し、読んで気になった箇所、学びがあった箇所に線を引き、そのうちの何かひとつを実践し、継続する。

❷

取引のある金融機関もしくは飛び込みで来た金融機関の営業マンに、「今、この本を読んで勉強しているのだが、ここに書かれていることは本当か」と本を渡す（融資が決まることがある）。

❸

❶と❷を繰り返す。なお、以前に線を引いた箇所と、現在線を引いた箇所とを比較してみると、自分の問題意識がどう変わってきたか、現在、何に重点を置いているか、把握することができる（線を引く際は、新しく買い直して読んだほうがいい）。

はじめに

「融資を受けないこと」は、「会社を成長させないこと」

世間一般的には、

「借金＝悪いもの」

「利息＝払わないほうがいいもの」

「借金をする人＝計画的にお金を使うことができない人」

だと考えられています。個人の立場で借金を避けるのは、たしかに正しい。しかし、**会社経営は違います**。


「借金＝成長のための資金」

「利息＝会社を守るための保険料」
「借金をする人＝事業計画を立てられる人」

だと私は考えています。

・「借金＝成長のための資金」

「融資を受けないこと」は、「会社を成長させないこと」と同じです。

事業を継続していると、まとまった資金が必要になる場面に遭遇します。新卒採用にも、社員教育にも、商品開発にも、新規事業にも、設備投資にも、お金がかかります。中小企業は資金力が弱いため、そのすべてを自己資金（自社が保有している資金）でまかなうのは、現実的ではありません。

「銀行から借入れをしてまで会社を成長させたくない。現状のままでいい」という経営者もいます。しかし、会社が成長しなければ、質の高いサービスをお客様に提供することも、従業員の待遇を向上することも不可能です。

組織が成長を止めて硬直化した状態では、

「役職や権限が固定化して、若手社員が離職する（昇進・昇格の機会が与えられないため）」

「時代の変化に対応できない」

「既存顧客・既存事業だけでは右肩下がりになる」

などの弊害が生じて、現状維持さえ難しくなります。無借金にこだわると、ベンチャー精神が失われ、社内の活力が急速に失われていきます。

現在は市場の変化するスピードが速く、会社が生き残るには時代に合った商品やサービスの提供が必要です。

手元に資金があれば、いつビジネスチャンスがきても素早く対応できます。しかし、手元に資金がなければ、大きな機会損失の可能性があります。

計画的に借入れをして、「お客様を増やすこと」「人材を育てること」「インフラを整えること」にお金を投資する。現実的に返済できる範囲で借入れをすれば、自己資金が少なくても、安定的、継続的に会社を成長させることができます。

・「利息＝会社を守るための保険料」

「利息を払いたくない」という理由で借入れを拒(こば)む経営者もいますが、私の場合は、

「利息を払って、現預金を増やす」

というスタンスです。私は、

「金融機関に支払う利息は、保険会社に支払う保険料と同じ」

「金融機関から受け取る借入金は、保険会社から受け取る保険金と同じ」

と解釈しています（利息＝保険料と考える根拠は第1章で説明します）。

利息を払って借入れをして、現預金を増やしておく。そうすれば、非常事態にも対処できます。

私が代表を務める株式会社武蔵野は、ダスキン事業と全国の中小企業にコンサルティングを行う経営サポート事業を柱とした会社です。わが社がリーマンショック、東日本大震災、パンデミック（新型コロナウイルス感染症の蔓延）にもまったく動じなかったのは、平常時から計画的に借入れをして現預金を持って万が一に備えていたからです。

「利息は月々の保険料であり、借入金は保険金である」

「保険金は個人の備えであり、借入金は会社の備えである」

という概念を理解できれば、「利息は無駄なお金ではない」ことがわかるはずです。

借入金の金利が高いとしたら、それは会社の信用力が低く（＝格付けが低く）、貸倒（かしだおれ）リスクがあるからです。

「財務状況を改善してキャッシュフローを良くする」

「貸借対照表（Ｂ／Ｓ）ベースの経営にシフトする」

「長期の経営計画、事業計画を明確にする」

「資金繰り表を作成し、現実的な支払い計画を立てる」

「業績を上げて連続黒字を実現する」

といった経営努力を重ねれば、信用力を上げる（＝金利を下げる）ことも可能です。

・「借金をする人＝事業計画を立てられる人」

金融機関は「長期事業計画」「資金計画」「事業計画」を見て、定量と定性の両面から会社の実力と将来性を判断し、「融資をするか、しないか」を決めています。

つまり、融資を受けられるのは、金融機関から「計画を立てられる人」だと認められたからです。

事業計画を立てるには、「損益計算書（P／L）」「貸借対照表（B／S）」「キャッシュフロー計算書（C／F）」の数字を読み解く力が必要です。

私はお酒もギャンブルも大好きです。贔屓目に見ても品行方正とは言い難い。

それでも金融機関が武蔵野に融資をするのは、私が会社の現状と未来を「計画的に、数字で語れる」からです。

自己資金があるからといって、倒産しないわけではない

「無借金経営」とは、企業に有利子負債が一切ない状態を指します。

有利子負債とは、金融機関からの借入金のように「返済をする際に利息（利子）をつけなくてはいけない借入れ」のことです。

借入額が大きいほど、支払う利息は大きくなります。そして、有利子負債が多くなるほ

ど、利息の返済額が負担になります。

「借入れがなければ利息の負担はないし、返済の圧力に悩まされることもない。だから無借金経営を目指す」という経営者もいます。融資（借金）に対する考え方は経営者によって違うので、無借金経営を目指してもいい。しかし、**「無借金であれば会社は倒産しない」と考えているとしたら、キャッシュフロー（お金の流れ）に対する認識が甘すぎます。**

倒産は、「手元資金がなくなるとき」に起こります。無借金でも売掛金、支払手形、在庫の管理ができなければ、倒産のリスクが高くなります。

私腹を肥やすために借金をしたり、ヤミ金融に手を出すのは論外。黒字化する努力をせず借入金で生きながらえるのも論外です。ですが、利益を出すため、事業を拡大するため、社員に夢を与えるためであれば、積極的に借入れをすべきです。

わが社は、新型コロナウイルス感染症による緊急事態宣言期間でも、全従業員完全雇用で、給料は「100％保証」。毎年4月に行っている基本給の昇給は、「プラス6％」で実施しました。

コロナ禍によって業績が悪化しても雇用を守り、さらに給料を上げることができたのは、現預金を「17億円」（無担保、無保証）持っていたからです。

人気ラーメンチェーン「岩本屋」「是・空」を経営し、書籍『愛される会社のすごい仕組み』もヒット中の**カンサブ株式会社**の岩本修一社長（福井県福井市）は、かつて「できることなら借金を背負いたくない」「無借金こそ優れた経営者の証(あかし)である」と、考えていました。

しかし現在は、**「借金をして潤沢な現預金を持つのが良い経営者」**と考えをあらためています。

コロナ禍で、飲食店は壊滅的打撃を受けました。カンサブも例にもれず、売上は激減。ですが岩本社長はうろたえなかった。可能なかぎり融資を受けて、「現預金が約6億円」あったからです。

金融機関から融資を受けることは、「立て直す時間を買うこと」と同義です。「売上が半減しても26ヵ月は経営を続けられる」ことがわかった岩本社長は、焦ることなくコロナ禍に対応できた。岩本社長が、「無借金こそ優れた経営者である」という考えを捨てていなければ、運転資金が枯渇して、店舗閉鎖に追い込まれていたでしょう。

財務の安全性、健全性を高めるために無借金経営を目指すのは、一見、正しい判断のように思います。

ですが、私の意見は逆です。自己資金だけで回すことができても、金融機関から「借りてください」と申し出があったら断らない。借入れをして（しかも無担保・無保証で）資金調達力を高めたほうが、財務の安全性、健全性を確保できると考えています。

4億円の自己資金を持つA社が、「4億円の工場」を新設することになりました。A社の社長は、「自己資金があるのだから、借入れは必要ない。借入れをしなければ、利息を払うことも、返済の心配もしなくてすむ」と考え、自己資金4億円をすべて設備投資に投じました。

ですがA社の社長は、会計・財務に関する認識が甘かった（B/Sを見ずに経営をしていた）。工場新設後に経営環境が悪化して、運転資金が足りなくなったのです。

4億円の自己資金があるなら、金融機関から4億円の融資を受けられる。なぜなら、「4億円の現預金がある＝4億円を返済する能力がある」と判断するからです。金融機関から4億円借入れて工場を新設し、自己資金に手をつけていなければ、経営環境の変化にも慌てることはなかったはずです。

無借金経営ではなく「実質無借金経営」を目指す

私は、「借金ウエルカム」です。無借金経営を目指してはいません。

といっても、無計画に、闇雲に、無謀に、無策に借入れをしているわけではありません。長期事業構想書（5年先までの事業計画）、長期財務格付け、長期財務分析表、今期の経営目標、月別利益計画、支払金利年計表を作成し、金融機関にも情報を公開した上で、計画的に、公正に、節度をもって借入金を増やしています。

【武蔵野の資金運用に関する基本方針】（経営計画書より一部抜粋、改変して紹介）

・財務体制を充実して、現預金と固定預金の合計で長期借入金を上回り、実質無借金経営にする。
・長期借入金を増やし、月商の3倍の現金・普通預金を確保し、緊急支払い能力を高める。
・借入金は長期とし、総額を30億円以上にする。

武蔵野が目指しているのは、無借金経営でも、借金経営でもなく、**「実質無借金経営」**です。

有利子負債を抱えていてもそれを上回る現預金を確保できていれば、「実質的に借金はない」のと同じです。

「有利子負債を返済しようと思えばいつでもできる状態」

「有利子負債がすべてなくなっても経営に必要な最低限の現預金が確保されている状態」

が、実質無借金経営です。

実質無借金経営は、

- 「『借入れ→返済』を繰り返すことで金融機関との関係性を保てる。金融機関にあらたに融資を頼むよりも、時間と手間がかからない」
- 「借入金を返済しても運転資金が残されているので経営が安定する」
- 「資金繰りの不安がなくなるため、社長は事業に集中できる」
- 「手元資金が増えると、金融機関から『この会社は返済能力が高い』と判断される」

といったメリットがあります。

小山昇の銀行交渉術は、金融機関も認めたノウハウ

私はこれまでに「銀行交渉」をテーマにした著作を2冊、出版しています。『無担保で16億円借りる　小山昇の〝実践〟銀行交渉術』（２０１０年）。『99％の社長が知らない銀行とお金の話』（２０１６年）。

本シリーズは、中小企業経営者を中心に好評で、累計10万部を突破。「この本の通りにやっただけで融資が決まった」などの声も寄せられています。

一方で、読者の中には、

「あくまでも小山社長の経験談であって、再現性があるかわからない」

「小山社長だからあの交渉術が可能なのであって、他の社長には真似できない」

「融資を受ける側の視点で書かれてあるので、融資する側の本音はわからない」

といった感想を持たれた経営者もいたようです。

そこで、前著『99％の社長が知らない銀行とお金の話』をある金融機関の現役支店長に読んでいただき、本の内容を「融資のプロ」の視点で精査していただきました。

すると、支店長から次のような感想をいただきました（支店長にご迷惑がかからないよう一部抜粋、編集して紹介）。

※　※　※

『99％の社長が知らない銀行とお金の話』、拝見させていただきました。

大まかには、２０１５年10月時点で小山社長の書かれた内容と、現在の状況は、ほとんど変わらないと思います。それゆえ、基本的にこのままでなんら問題のないように思います。

しかしながら、少し変化を感じるところを敢えて申し上げると、政府系金融機関（日本政策金融公庫・商工中金）の審査に関しては変化があります。

従前（じゅうぜん）は多くの企業様に対して資金繰り管理資料を求めていたと思いますし、場合によっては経営計画の策定を求めることもあったと思います。

現状でも変わらないところも多々あると思いますが（コロナ対策など政府の政策の影響を強く受けるので）、ここ最近はそこまで求めていないように思えます。

（中略）

小山社長は今まで多くの銀行員と面談されてきているため、豊富なご経験があるのは十分に承知の上ですが、それでも本当によく銀行の中身や都合を知っていらっしゃることに驚きを感じております。

大げさに申し上げると「銀行員による銀行についての暴露本」にも近いくらい、よく銀行のことをおわかりであることに驚きました。

また、銀行の中身や都合をよく理解した上で、「パートナーとしてどう銀行と付き合っていくか？」「どう銀行を利用していくか？」を丁寧に説明されており、銀行員の立場から見ても、ありがたい内容の本だと思いました。

頂戴した本にはたくさん線を引かせていただきましたが、法人営業に携わる者には全員『99％の社長が知らない銀行とお金の話』を読ませようと思います。

今回このような貴重な機会を本当にありがとうございました。

※　※　※

ゴールドスワンキャピタル株式会社（東京都中央区／不動産賃貸業、不動産コンサルティング業）の伊藤邦生会長は、「小山社長の銀行交渉術は、独特なノウハウ」と話しています。

「借入れを考えていた時期に、財務、決算、会計に関する本をたくさん読みました。その中でも、小山社長の本は独特でした。中小企業診断士やコンサルタントが書かれた本と大きく違ったのは、具体的な実践に重きを置いている点です。貸し剥がしや貸し渋りにあいながらも、増収増益を続けてきた現役社長の実践力に驚かされました」（伊藤邦生会長）

現在、伊藤会長は、本書で紹介する「銀行交渉の3点セット」（第4章）を金融機関に提供し、継続的な融資を受けています。

伊藤会長をはじめ、私のもとには、経営サポートパートナー会員の方々から、銀行交渉に関する相談が寄せられています。

会員企業社長「赤字の会社には、銀行はお金を貸してくれない」

私「そんなことはありません」

会員企業社長「借金はしないで、無借金経営をすべきだ」

私「そんなことはありません」

会員企業社長「融資を受けるときは、担保や個人保証を取られるのが当たり前だ」

私「そんなことはありません」

会員企業社長「一度抵当権や根抵当権がつけられたら、外すことはできない」

私「そんなことはありません」

会員企業社長「金利が高いと損をするので、できるだけ安く借りたほうがいい」

私「そんなことはありません」

会員企業社長「繰り上げ返済をしてどんどん返済したほうがいい」

私**「そんなことはありません」**

会員企業社長「お金のことは経理担当者に任せておけば間違いない」

私「そんなことはありません」

会社を経営する上で、お金は命の次に大切なものなのに、多くの社長は、あまりにも無知で無策です。

金融機関の実態を理解し、知恵をつける。そして正しく交渉をすれば、現預金を増やし、財務体質を強くできます。

２００１年から、中小企業の経営サポート事業（セミナー事業）で、１０００社を超える会社を指導してきたが、２０２３年まで倒産した会社はゼロ。**倒産しなかったのは、お金を持っていたから**です。

本書では、既刊本の内容を踏まえつつ、アフターコロナを見据えた、最新版の銀行交渉術を紹介します（この本で初めて紹介するノウハウもある）。

銀行交渉に強くなれば、「ピンチをチャンスに変える強い会社」をつくることができるはずです。

刊行にあたり、事例を提供してくださった経営サポート会員企業のみなさん、執筆のお手伝いをしてくださった藤吉豊さん、出版の機会をくださったあさ出版の田賀井弘毅さんに御礼申し上げます。

本書が、みなさんの経営の助けになれば幸いです。

株式会社武蔵野　代表取締役社長　小山昇

CHAPTER 1
コロナ禍で初の減収！小山昇はどうしたか？

CHAPTER 2

1%の社長しか知らない「銀行」の話

CHAPTER 3

1％の社長しか知らない「お金」の話

CHAPTER 4 融資を引き出す3点セット

CHAPTER 5
実例「銀行交渉&B/S経営術」

編集協力：藤吉豊（株式会社文道）
本文デザイン：ナカミツデザイン
DTP：センターメディア

CHAPTER 1

コロナ禍で初の減収!小山昇はどうしたか?

①

武蔵野がコロナ禍でもビクともしなかった理由

新型コロナウイルスの影響で、初の減収を経験する

武蔵野の社長に就任して以降（1989年）、2020年（2019年度）まで、会社が減収になったこと（売上が前年を下回ったこと）は、一度もありません。リーマンショックや東日本大震災が起きても「増収」を続けてきました。

しかし2020年、私は初めて減収を味わうことになりました。引き金となったのは、「新型コロナウイルス感染症」です。

2020年2月から拡大を続ける新型コロナウイルスの影響により、倒産する企業が増加しています。

帝国データバンクの調査によると、「新型コロナウイルス関連倒産」（法人および個人事業主／法的整理または事業停止）は、全国で累計6761件です。

年別では、

・2020年……835件
・2021年……1731件
・2022年……2238件
・2023年……1957件（9月29日現在）

負債1億円未満の小規模倒産が4091件で（構成比 60・5％）、資金力の弱い中小企業は、突発的なリスクに弱いことがこの数字からも明らかです。

わが社も、パンデミック（世界的感染）の影響を被りました。

武蔵野はダスキン事業を基盤とし、中小企業の経営サポート事業（セミナー事業）を行っています。どちらの事業も、「3密（密閉、密集、密接）」は避けられないため、通常どおりの事業継続は困難でした。

お客様と従業員の安全を最優先に考えて、外出自粛と接触機会の低減を徹底した結果、収益は急減。新型コロナウイルス感染症による自粛が響き、売上が前年を下回ったのです（前年比87％）。

２０２０年の３月、４月の売上は、前年同月比（３月、４月の合算）で、

「10億円の売上減」

でした。

武蔵野の決算は、４月末です。「仕入、経費の削減」と営業外収益により、約１億円の経常利益を上げることができたものの、３月、４月の売上減がなかったら、２０１９年度は過去最高売上、最高利益が確定的でした。

しかし、初の減収にも私は悲観することなく、

「ピンチは会社が飛躍する最大のチャンス」

「今までのやり方を捨てられるチャンス」

「新たなことにチャレンジできるチャンス」

と捉え、事業構造を見直しました。

「困った、困った」と嘆いたところで、事態が好転することはない。従来どおりの業務が難しいのなら、別のやり方を模索すればいい。その結果、コロナ収束前にもかかわらず過去最高益を更新。2022年度（2023年4月決算）は、

・売上……75億6400万円
・粗利益……56億3600万円

と**V字回復**を果たしています。

ピンチをチャンスに変えてV字回復を果たす

コロナ禍でも武蔵野が盤石だった理由は、おもに次の3つです。

理由①／会社の業務の多くをオンライン（テレワーク／在宅ワーク）に移行したから（現在は対面とオンラインを併用）

わが社は、2012年以降、全従業員（社員、パート、アルバイト、内定者）にiPadを支給し（総数は847台）、デジタル化を進めています。金額にして、「1億3000万

円」の投資です。

ＩＴツールを全従業員が常用すれば、バックヤードのＩＴ化が進み、生産性を上げることが可能です。

【オンライン化のメリット】

・残業費を減らすことができる

武蔵野は、増えた通信費よりも減った残業代のほうが大きくなって、生産性が上がりました。ＩＴツール導入の結果、残業時間が65時間減（月平均）、年間で３億円弱の残業費を削減でき、このお金を基本給アップ、年間休日の増加、有給休暇取得率85・３％の達成に使用した。

・ＤＸ化促進により経費や仕入れを圧縮できる

対面によるセミナーを減らして、オンラインセミナーに変更（セミナーの85％をオンラインにする）。その結果、会場代、懇親会代、資料代（印刷費用）、社員の残業代が減りました。

また、コロナ以前は、社員「２人」で担当していた営業案件を、「対面＋オンライン同行」に切り替えたところ（ひとりは対面、上司や説明担当の社員はiPadを使ったビデオ通話で参加）、交通費が削減できました。現地まで行く時間がかからないため、上司等の（オンラインでの）訪問件数が増え、それに比例して販売数も増えました。

理由②／緊急事態宣言期間の給料は、全従業員に１００％を保証したから

緊急事態宣言期間の社員給料は、通常出勤者、在宅勤務者ともに変更なしで１００％支給（パート課長含む）しました。

社長にとって一番大切なことは、「雇用を守る」ことです。

１００％給料を保証をすれば、従業員は安心して働くことができます。

売上減にもかかわらず、人員削減や減給をしなかったのは、

「売上ゼロの状態が仮に１年６ヵ月続いても、今と同額の給料を１年間以上払い続けられる」

だけの現預金を持っていたからです。

●**現預金**……現金と預金のこと。預金は、銀行などの金融機関にお金を預けること。

理由③／事業構造を変えて、新規事業を開始したから

武蔵野は、緊急事態宣言の発令期間中に、新規事業（新規事業部）をスタートさせました。「クリーン・リフレ事業部」です。

クリーン・リフレは、北海道帯広市の農業施設メーカー「株式会社アクト」（内海洋社長）が開発した電解除菌水です。

電気分解によって生成された次亜塩素酸水で、高い除菌力を持つことが多くの学術論文で報告されています。経営サポート会員企業が数年使用した実績があり、取り組むことを決定した。

クリーン・リフレ事業部は、２０２０年10月22日に生産能力増強のために、東京都武蔵野市に新工場を建設しました。

実力のある経営者でも、新規事業の成功確率はせいぜい20％程度。新しい事業を10はじめたら、利益を生むのはせいぜい２つです。

賞与資金や納税資金と違い、金融機関が新規事業への融資に慎重なのは、成功確率が低いからです。したがって**新規事業を始めるときは、「会社に現預金があるとき」でなければいけない**。

わが社がクリーン・リフレ事業部を立ち上げ、収益化に向かったのは、

「現業の利益が出ていたこと」
「現預金があったこと」
「力のある社員を担当させたこと（人事異動による配転）」
「小山昇の直轄の組織にして、きめ細かく指導をしたこと」

が成功要因です。

②金融機関からお金を借りて「緊急支払い能力」を高める

金融機関からお金を借りることは、再建までの時間を稼ぐこと

コロナ禍で多くの中小企業が停滞、撤退、自粛を余儀なくされていたとき、わが社がオンライン化を進めることができたのも、雇用を守ることができたのも、新規事業に踏み込むことができたのも、

「現預金を持っていたから」

です。

2020年2月時点で、武蔵野には**「17億円」**の現預金がありました。といっても自己資金ではなく、その多くが「借入金」です。借入額が16億円で、保有する現預金が17億円だったため、実質無借金経営でした。

●**実質無借金経営**……現預金が借入金よりも多い状態（あるいは、現預金と借入金が同額状態）のこと。借入金を上回るキャッシュ（現金、有価証券）を確保できていれば、実質的には無借金経営が保たれている。借入金を返済しようとすればいつでもできる。

さらに、コロナ禍初期にA銀行から7億円、B銀行から4億円を借入れて現預金を増やし、「10億円の売上減」（2020年2月、3月）を補填しました。

今回のような不測の事態が起きたとき、現預金がなければ対策が取れません。そして、中小企業の場合、現預金を確保するには、融資が不可欠です。

事業を継続していくには、運転資金や設備資金といった資金需要が常に存在します。それらをすべて、自己資金だけでまかなうのは難しい。

多くの経営者は、

「借金をしない会社が良い会社で、する会社はダメな会社」

「売上が上がっていれば、借金をする必要はない」

「ギリギリまで自分の資金でなんとかすべき」

「どうしてもお金が足りなくなったときに借りればいい」

と考えていますが、これは**大きな間違い**です。

中小企業にとって、融資は「受けるもの」です。金融機関からお金を借りて「緊急支払い能力」を高めておけば、ありえない事態に直面しても、手を打つことが可能です。業績回復までの時間を稼ぐことができます。

●**緊急支払い能力**……緊急時の支払い能力。目安は月商の3倍以上の現金・普通預金額。

厳しめの計画を立てて、リスクに備える

わが社の経理と総務を管轄する曽我公太郎本部長は、コロナ期間中の金融機関の対応について、次のように感想を述べています。

「コロナ禍当初に、一度だけ、『3年分の計画書を提出してほしい』と言われたことがあり

ます。セミナーが開催できないなど、武蔵野の売上が下がったため、銀行も見通しが立たなかったのでしょう。先が読めない状況だったため小山も私も楽観はせず、『2年間は赤字が続く』『3年以上コロナ禍の影響が残り続ける』という前提で、厳しめの計画書を作成しました。

コロナ禍でも定期的に銀行訪問を続けていましたし、各行には『まだ赤字ではありますが、セミナー環境をオンラインに変えるなど、さまざまな施策を講じることで、回復傾向にあります』と、偽りのない現状を発信していたこともあって、コロナ禍以前と比べても、金融機関の対応に変化はありませんでした。

『コロナ禍では融資を受けにくいのでは？』と考えていたのですが、融資を絞られることはなく、それどころか、コロナ1年目（2020年）は、短期間に約11億円、借りることができました。おそらく金融機関も融資先を探していて、見込みのある会社には積極的に貸していく方針だったのではないでしょうか。武蔵野は毎年、約8億円の融資を受けていますが、それよりも多くの額を一気に借入れることができた結果、コロナによる損失を最小限にとどめることができたと考えています」（曽我公太郎本部長）

緊急支払い能力が高ければ、さまざまな手が打てる

コロナ禍のダメージがもっとも大きかったのは、飲食業界です。お好み焼・鉄板焼「きん太」を運営する**株式会社テイル**（京都府宇治市／金原章悦社長）も、例外ではありませんでした。『働きやすい会社の仕組みのつくり方』の著書もある金原章悦社長は、「会社を畳んだほうがいいのでは」とまで弱気になったそうです。「きん太」の総本店の1日の売上は、一時、**10分の1にまで落ち込みました**。それでもテイルが**持ち堪えることができたのは、「現預金を持っていたから」**です。

焦りながら、悩みながら、苦しみながら、それでも金原社長は動きを止めず、さまざまな手立てを講じました。

【テイルが打った手立て】

・金融機関に融資を申し出る。借りられるだけ借りて、現預金を増やす（約10億円調達）。
・アフターコロナを見据えて、雇用を守る。仕事がなくてもアルバイト代を支払って、

緊急事態宣言解除に備えた。客足が回復したときに、人手が足りないと機会損失につながる。

・「家飲み」の需要に応えるために、お客様に缶ビールをプレゼントする。缶ビールにはサービス券（シール）を貼り（焼きそば半額券など）、次回の集客につなげる。

・環境整備を徹底する（店内の整理整頓活動）。

・マスク越しでも大きな声であいさつができるように、接客レベルが下がらないように、社員教育にも力を入れる。

・営業時間を短縮する（スタッフひとり当たりの売上金額を上げるため）。

・メニュー数を減らす。メニュー数を減らした結果、次の効果が得られた。

（1）在庫ロスがなくなる

（2）粗利益額が増える

（3）スタッフの習熟度が上がる（メニュー数が少ないため新人でもすぐに覚えられる）

（4）習熟度が上がるため、早く商品を提供できる

（5）早く提供するとお客様の食べる量、飲む量が増えて、客単価が上がる

・経費の無駄取りを進め、利益を確保する

コロナ禍では貸し渋る金融機関もありましたが、それでもこうした対策が素早く取れたのは、テイルが現預金を持ち、緊急支払い能力を高くしていたからです。

テイルは2019年度、2020年度に1・7億円の繰越欠損金を出したが、その後の2年間で1・8億円の経常利益を出した。

③ 金融機関から借りてでも、「額をたくさん持つ」ことが正しい

必要がなくても「借りる」のが正解

現在、武蔵野の仕組みを学んでいる経営サポートパートナー会員企業は「750社」を超えています。コロナ禍に突入後、私はボイスメールを使い、会員企業に向けて
「金融機関から、今すぐお金を借りるべき」

「困っている人は、絶対、借りる。困ってなくても、絶対、借りる。武蔵野もジャンジャン借りている」

「あっちの銀行でもこっちの銀行でも借りる」

といったメッセージを一斉送信しました。

コロナ禍では、「新型コロナウイルス感染症特別貸付（日本政策金融公庫）」「新型コロ

ナウイルス感染症対応資金（民間金融機関）」「新型コロナ感染症特別貸付（商工組合中央金庫）」など、無利子・無担保での融資（実質無利子の条件を満たした「ゼロゼロ融資」／無利子の期間は最大3年間）を利用できたので、

「『借りない』という選択はない」

と私は考えていました。

すぐに対応した社長は5％に満たなかったが、半年間借りなさいと発信を続けて、ほとんどの社長が借入れをした。

不測の事態に陥っても、「雇用を守る」「会社を守る」「お客様を守る」のが社長の責務です。そのためには、金融機関からお金を借りて、

「額をたくさん持っていること」
「たくさんのお金を借りること」

が大切です。

黒字でも現預金がなければ倒産する

リーマンショック直後、多くの老舗企業が黒字倒産しました。倒産のおもな原因は、「売掛金や棚卸資産の増加で資金繰りが悪化した」からです。

●**黒字倒産**……商品が売れて帳簿上は利益が出ているにもかかわらず、支払いに必要な資金が不足し、倒産すること。

●**売掛金**……商品の売上代金を後日受け取れる権利のこと。

●**棚卸資産**……社内に残っている在庫のこと。製品、原材料、販売収益を得るために使用する事務用消耗品なども含まれる。

会社は、赤字だから倒産するのではありません。倒産するのは、

「現預金がないから」

です。

A社がB社に自社商品を販売し、1000万円の売上を上げたとします。1000万円の入金は3ヵ月後です。

一方、商品をつくるために仕入れた原材料300万円分の支払いが、1ヵ月後だとします。1ヵ月後に300万円の現金が手元になければ、支払うことができません。

売掛金が増加すると支払いが滞り、次月の仕入れもできなくなります。その結果、資金ショートを起こして倒産に陥るわけです。

●資金ショート……事業に必要な資金が不足すること。

「50円」で仕入れたものを「100円」で売れば、「50円」儲かります。「50円」儲かっても、現実的には「売掛金」になっているので、手元にお金はありません。

お金がなければ給料は払えないし、支払いもできないし、借入金の返済もできません。

私は、1977年に株式会社ベリー（貸しおしぼりの業者）を立ち上げました。ベリーは増収増益でしたが、資金繰りに苦労していました。

理由はおもに2つあります。

ひとつは、「仕入れた買掛金はすぐに支払い、売上は売掛金（1ヵ月後の入金）になっていたから」です。

もうひとつの理由は、「設備投資をしていたから」です。ベリーは製造業です。製造業は商品が売れれば売れるほど、設備投資をしなければなりません。ですが、利益の額よりも設備投資の額のほうが大きいため、資金が追いつかなくなっていました。当時の私は無知で、収支の時間的なバランスが崩れていることに気がついていなかったのです。

会社が赤字でも、お金が回っていれば倒産しない

会社が上げる利益の40％は税金です。残りの半分の30％を予定納税として納付する。残りは利益の30％です。ところが今度は、借入金の返済が回ってくる。

では、その30％が在庫や売掛金になっていたら、どうなりますか？

資金難に陥って倒産します。**これが黒字倒産のカラクリです。**

現預金の動きを把握していなかったり、税金に関する認識が不足していたりすると、資金ショートが起こります。

お金は、会社の血液です。会社が赤字でも、お金が回っていれば会社は倒産しません。反対に、帳簿上は黒字でも、手元の現預金が不足していれば、早晩、行き詰まります。

経営で一番大切なのは、「利益を上げること」でも「無借金経営をすること」でもなく、

「お金を回し続けること」

です。

そのためには、本業によって獲得した資金に加え、金融機関から融資を受けた借入金を活用して、

「何があっても潰れない額の現預金残高を持つこと」

が大切です。

経営は現金に始まり、現金に終わる。

黒字倒産の仕組み

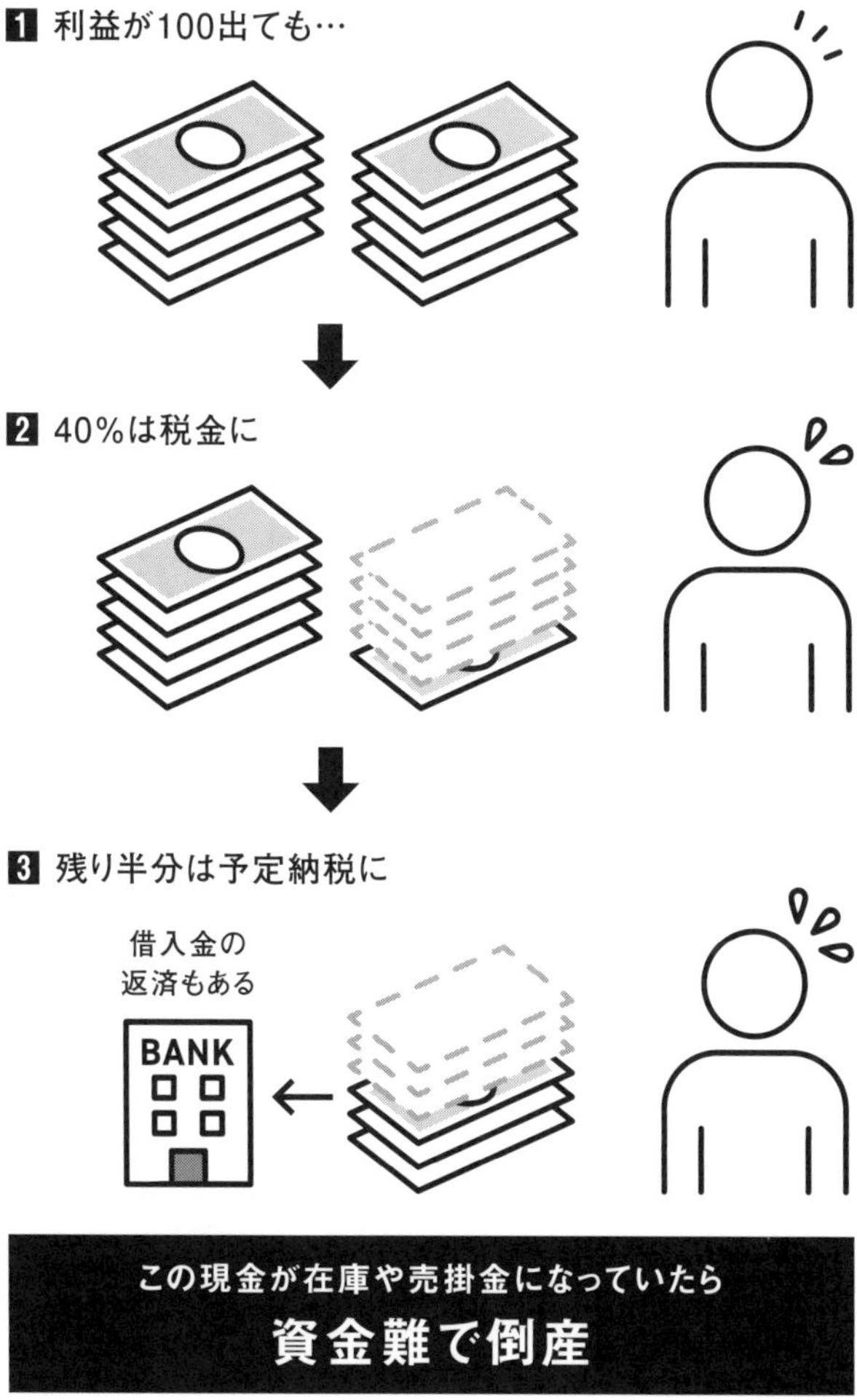

1 利益が100出ても…
2 40%は税金に
3 残り半分は予定納税に
借入金の
返済もある
BANK
この現金が在庫や売掛金になっていたら
資金難で倒産

④

借入金は、会社を潰さないための保険金

金利が高くても「借りる」のが正しい

中小企業が緊急事態に備えるためには、「金融機関から借入れをして現預金を増やしておく」ことが大前提です。

ところが中小企業の社長の多くは、「金利が高い」「利息を払いたくない」という理由で融資をためらいます。

●**金利**……借入金額に対してどれくらいの割合で利息（利子）が発生するのかをあらわしたもの。利息（利子）の利率。金融機関が1億円を貸し出すとき「1社に1億円貸す」

のと、「100社に100万円ずつ貸す」のでは、「100社に100万円ずつ貸す」ほうが手間がかかるため、金利は高い（ひとつの金融機関からたくさん借りるほうが金利は低い）。

私は、利息を払ってでも、

「額をたくさん持っていること」

「たくさんのお金を借りること」

のほうが大事だと考えています。現預金を増やしておかなければ、

「会社の規模を拡大すること（お客様の数を増やすこと）」

「従業員の雇用を守ること」

「不測の事態に備えること」

ができないからです。

私が借入れを一切ためらわないのは、

「融資は、会社を守る保険に入るのと同じ」

と考えているからです。

借入金は保険金と同様に、万が一のリスクに備えるものです。お金があるから会社を守ることができます。

利息は、「会社が困ったときに助けてもらうための保険料」であり、借入金は「会社が困ったときに受け取る保険金」です。

・生命保険／損害保険……保険料を払うことで、保険金が支払われる。
・融資……利息を払うことで、お金を借り入れることができる。

どの会社も、「火災保険（損害保険）」に加入しています。「保険料を払いたくないから火災保険に入らない」「火事になる可能性はきわめて低いから火災保険に入らない」と考える社長はいません。

どの社長も、「生命保険」に加入しています。「保険料を払いたくないから生命保険に入らない」「病気になる確率も死ぬ確率も低いから保険には入らない」と考える社長もいません。「あってほしくないこと」のために保険料を払っているのに、多くの社長は「会社を守る保険に入る」（＝利息を払って融資を受ける）ことには消極的です。

「利息がもったいない」「利息は無駄なお金」と考えるのは、
「利息＝月々の保険料」
「借入金＝保険金」
という概念がないからです。

多くの会社が、1・2～1・5％の金利で借りている時代に、わが社は、2・7％の金利でお金を借りていたことがあります。倍近い金利です（武蔵野の金利が同規模、同業種の会社に比べて高いのは、私の年齢が75歳と高いため）。武蔵野が高い金利で、「必要のない借金」を続けてきたのは、**緊急事態に備えるため**です。

不測の事態に直面したとき、「利息が損だから」といって「ギリギリの資金しか持っていない社長」と、「利息は高くても資金に余裕のある社長」では、どちらが対応できるでしょうか。

答えは明らかです。

「金利や利息を気にせず、借りられるだけ借りる」

のが正解です。

支払利息額の目安は、経常利益の10％以内が健全です。

鹿児島県でホテル経営を行っている**株式会社ＳＷＡＮ**の諏訪園厚子社長（鹿児島県鹿児島市）は、新しいホテルの建設が決まり、費用を払う1年後のタイミングで融資を実行してもらおうと考えていました。それを聞いた私は諏訪園社長を叱り、今すぐお金を借りるよう指導をした。

「ものすごく叱られました。銀行からも『1年間利息だけ払ってもったいないですよ』と言われましたが、その間に何かあったりしたら、借りられる保証はどこにもありません。直前になって借りられないとなったら、下手をすれば倒産です。であれば、**1年間利息を払ってでも、保険として、確実に手元にお金を持っておいた方がいい**ですよね。小山社長にはとても大切なことを教えていただきました」（諏訪園厚子社長）

借入金のある会社のほうが、非常事態に強い

無借金経営の「A社」と、定期的に融資を受けている「B社」の経常利益が、ともに「2000万円」だとします（会社の規模も同じとする）。

B社は、経常利益の中から「1000万円」を利息の支払い（金利は1・25％）にあてて、金融機関から融資を受けています。

この場合、両社の経常利益は同じでも、会社に残る現預金額は大きく違います。

・A社……2000万円－800万円（税金）＝1200万円（会社に残る現預金）

・B社……2000万円－1000万円（利息）＝1000万円
　1000万円－400万円（税金）＝600万円
　※利息は事業に必要な借入れによって発生したため、経費として計上できる。
　1000万円の利息を払う場合、金融機関から借りられるお金は「8億円」
　600万円＋8億円＝8億600万円（会社に残る現預金）

経営環境が激変する中において、非常事態にも強い会社をつくるには、B社のように**利息を払って現預金を増やし、余裕を持って事業に専念する**ほうが正しい。

どんな理不尽に見舞われても、お金があれば、打つ手は無限

世の中には、多くのコンサルティング会社があるが、実業を持っている会社はほとんどありません。自社の事業が成長しなければ説得力がなくなり、コンサル先の信頼を失うからです。わが社のように実践が伴う経営指導は、本当に稀です。

武蔵野は、日本経営品質賞を2回受賞した実績を公開し（1回目はダスキン事業、2回目はダスキン事業と経営サポート事業で）、現実・現場・現物（人物）をブラッシュアップし続け、経営の動くショールームとして成功事例を会員企業に提供し続けています。

とはいえ、会社経営は、山あり谷ありです。

新型コロナウイルスが襲来して、売上が10億円ダウンしました。このとき銀行訪問に同行する社長にはすべて丸見えです。一時的にでも赤字に転落すれば、金融機関の支店長に報告するのもつらいけれど、その場に会員企業の社長が一緒にいるのもつらい。

同じ利益でも現預金に大差がつく理由

同じ利益が出ても…

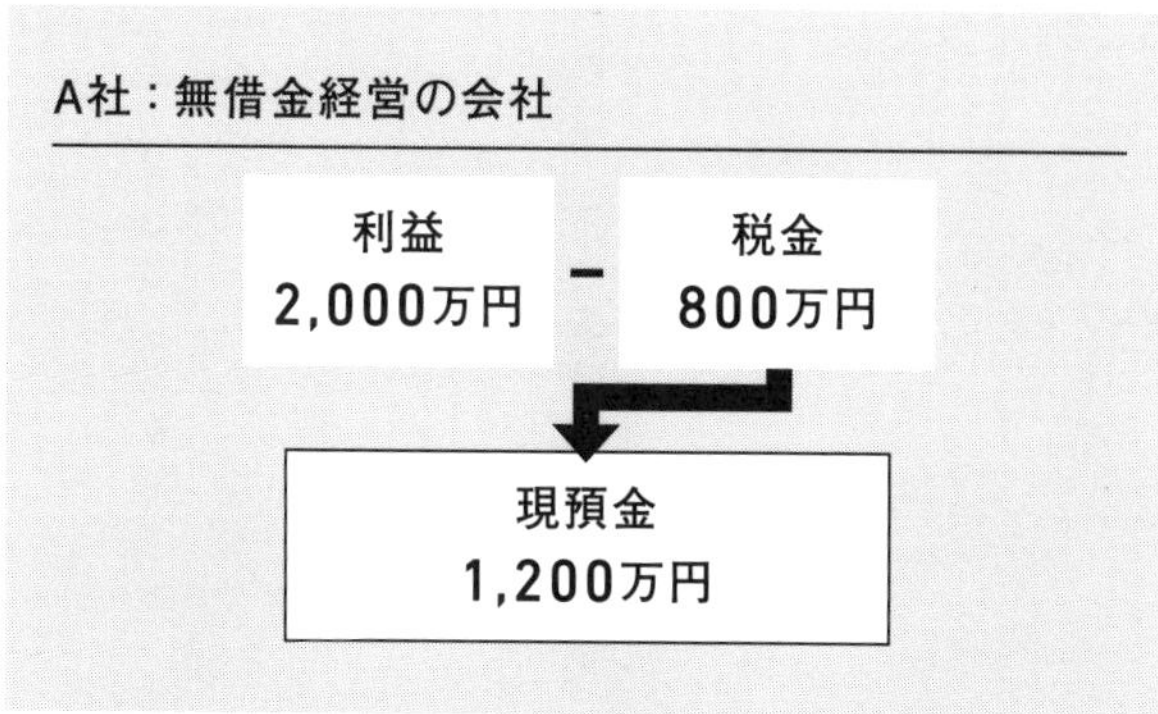

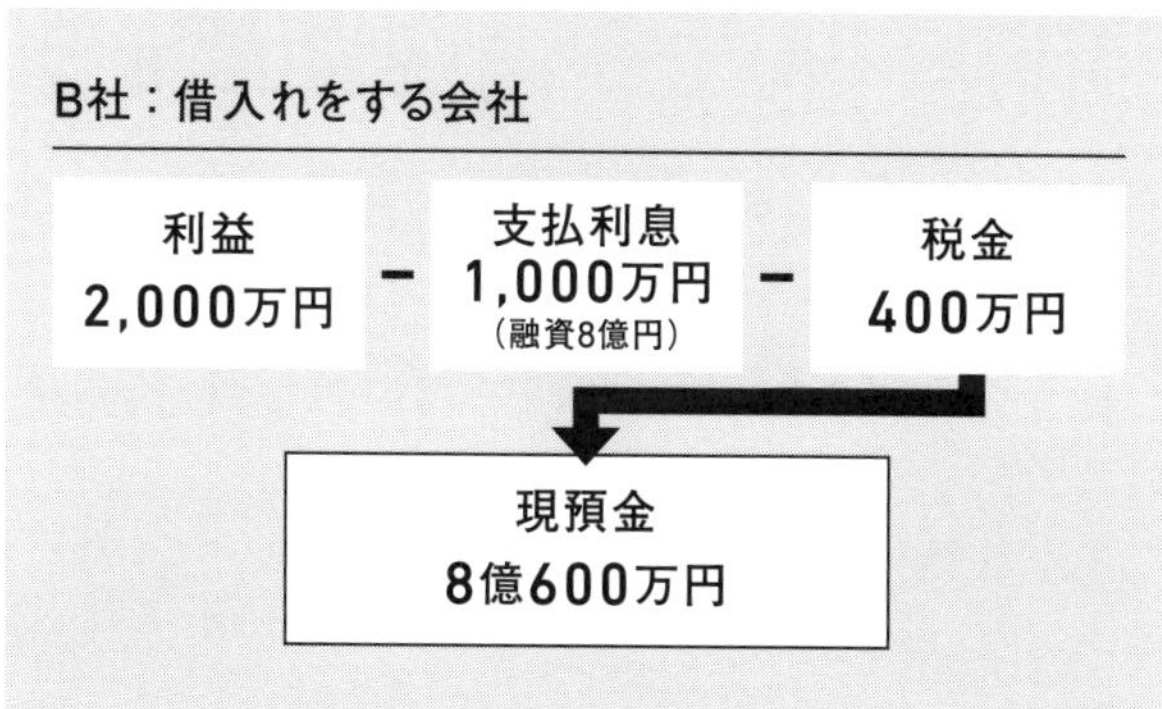

しかも！　借入れをした方が節税になる

定量データと定性情報を提供して、全面的にご協力をお願いし、絶対黒字にすると奮い立ちました。

私は、経営サポート会員の社長が、かばん持ちで同行するからといって、そのために準備をすることはありません。なぜなら、かばん持ちは、小山の良いところを見せるのではなく、本当の姿を見せる場だからです。だから、一年中、同行できるのです。

その後も、理不尽なことが1年半で3つも襲いかかってきましたが、多額の現金を所有しているから、社員を路頭に迷わすことなく経営を続けています。

お金があれば、打つ手は無限にある。

CHAPTER 2

１％の社長しか知らない「銀行」の話

①

金融機関が「困っている会社」を助けないのは正しい

「儲かっていれば貸してくれる」は間違い

金融機関は、

「晴れたら傘を貸し、雨が降ったら傘を取り上げる」

と、皮肉を込めてたとえられます。天気は業績、傘はお金です。

業績が良好で資金繰りにも余裕があるときは、熱心に「借りてください」と勧めてくる。しかし、経営が悪化すると貸してくれない、あるいは、融資を引き上げようとします。

私は、金融機関のこの融資姿勢を「正しい」と考えています。なぜなら、金融機関の原資は、「預金」だからです。

金融機関は、

「お客様（預金者）から預かったお金を運用し（企業への融資など）、利益を上げ、お客様に利息を支払う」

という責務を負っています。

だとすれば、大切な預金を着実に運用、保全する意味でも、返ってこないかもしれない会社ではなく、「確実に返してくれる会社」に融資するのは当然です。

「晴れている会社」＝「業績が良くて、資金繰りがうまくいっている会社」に融資をすれば、確実に返してもらえます。

ですが、「雨が降っている会社」＝「業績が悪くて、資金繰りに困っている会社」に融資をすれば、返ってこないかもしれません。

多くの社長は、「儲かっていれば、金融機関はお金を貸してくれる」と考えていますが、そうではありません。


「確実に返してもらえるから、お金を貸してくれる」のです。

みなさんが、職場の同僚から預かった「大切な5万円」をAさん、あるいはBさんのどちらかに貸すことになったとします。

・Aさん……面識なし。無職のため収入はなし。住所不定。「いつ返せるかわからない」と言っている。

・Bさん……大学時代からの親友。これまでに何度かお金の貸し借りをしたことがあり、返済が滞ったことは一度もない。有名企業に勤めていて、年収700万円。たまたま財布を忘れてしまって今日はお金がない。「明日には必ず返す」と言っている。

おそらく多くの人が「Bさん」にお金を貸すと思います。なぜなら、「回収できる確率がAさんよりも高いから」です。回収できなければ、職場の同僚に5万円を返すこともできません。

金融機関も同じです。融資したお金が回収できなければ、預金者にも預金を返すことができなくなります。返済見込みのない企業に融資をすれば、金融機関の経営が不安定になるし、預金者にも迷惑をかけます。

金融機関が持っている傘も、実態はお客様から借りた傘です。だとすれば、「晴れているから」という理由だけですべての社長（会社）に傘を貸すことはできません。金融機関は「預金者のお金を保全する考え方」に立っているため、**「返してくれるかわからない会社にお金を貸さない」**のは、当然の行動原理です。

業績が良いときにこそ借入れをしておく

多くの社長は、「業績が下がったとき」にお金を借りようとしますが、その考えは間違いです。

金融機関は、業績が悪い会社には貸したがりませんし、貸したとしても担保を取ります。ですから、お金は「業績が良いとき」にこそ借りておく。当面、使う予定がなかったとしても、借りられるだけ借りておくのが正しい。

傘が借りられないのも、傘を取り上げられるのも、資金繰りを悪化させた社長の責任です。金融機関のせいではなく、**社長が無知だから**です。

社長は金融機関の本質を学ぶべきであり、傘を借りられる会社、傘を取り上げられない会社に変わるための知識を身につける必要があります。

金融機関は、急成長事業にもお金を貸さない

金融機関の融資審査部は、「格付けが3〜5の会社」を好みます。安全性が高いからです。ですが「格付けが3〜5の会社」の会社は安定している分、金利が低い。金利を高く設定できるのは、「格付けが6〜8の会社」です。

「格付け6〜8の会社」の中で、成長が期待できる会社に融資をすれば、金利が高い分、金融機関は利益を得ることができます。

ただし、成長が期待できる会社といっても、「急激に伸びている会社」を金融機関は警戒します。

金融機関の格付けが7以下の会社（業績が不安定な要注意先の企業）が、「3年間125％以上」の増収増益をすると、**黒字倒産する確率が高くなります**（とくに製造業）。設備投資・売掛金の回収と買掛金の支払いのタイムラグによって、資金ショートを起こ

しかねないからです。「回収サイトが長くて、支払サイトが短い」場合は、現金が足りなくなって倒産の危機にさらされます。

事業が急伸しているとき、多くの社長は、「この調子で事業を拡大していきたい。そのためには金融機関からの追加融資が必要である」と考えます。

ですが金融機関は、資金ショートの可能性を念頭に置いて、「1年目、2年目は融資をしても、3年目に貸し渋る」ことがあります。

この「3年目の貸し渋り」は、金融機関の親切心だと私は解釈しています。

「このままのペースで急成長を続けると、黒字倒産しかねない。ここでいったんブレーキをかけたほうがいい」

「金融機関への依存心が強くなると、経営体質が甘くなる」

といった示唆が含まれているからです。

私の経験上、融資に積極的な「攻めタイプ」の支店長が2期（2人）続くと、3期目は、融資に消極的な「守りタイプ」の支店長に変わる気がします。

今から25年以上前のことです。融資取引のある金融機関に対し、

「このまま伸びると、赤字になるが125％まで成長します。来期もお金を貸してください」

と申し入れたことがあります。

各行の返事は、すべて「NO」でした。各行の支店長は揃って、「このまま成長すれば、経費や在庫が増え、資金繰りが苦しくなる」と予見したからです。

私は各行の判断を「親切心」として受け止め、事業への投資を縮小。さらに営業所の統合閉鎖を行うなど自助努力に努め、かろうじて利益を出すことができました（その結果、再び融資が行われるようになりました）。

金融機関にとって、「お金を貸す」だけでなく「お金を貸さない」ことも親切です。

②

金融機関は、どんな会社にお金を貸したいのか？

金融機関がお金を貸したくなる4つの条件

金融機関が傘を貸したくなる（融資をしたくなる）条件は、おもに次の4つです。

①過去に取引実績があること
②返済能力が高いこと
③財務体質がスリムであること
④透明性が高いこと

①過去に取引実績があること

「無借金経営のほうが財務体質はいいのだから、いざというときにお金を借りやすい」という考えは、間違っています。

もちろん、無借金経営のほうが財務体質はいい。ですが、財務体質がいいからといってすぐにお金を借りられるわけではありません。なぜなら金融機関は「継続性」が原則であり、過去の取引実績に対してお金を貸すからです。

「契約通りに返済する」
「決算書、試算表、計画書など、金融機関が求める書類を提出する」
「定期的に会社の現状を報告する」

といった実績を積み重ねることが、次の融資につながります。

一度も取引のない会社や、これまで無借金経営を続けてきた会社が急に融資を申し込んできたら、金融機関はこう考えて警戒します。

「この会社と当行はこれまで取引がなかった。それなのに急に融資を申し込んできたのは、よほど追い込まれているのではないか。融資をしても回収できない可能性がある」

金融機関にも融資の枠があるので、「取引実績のある会社」と「新規の会社」がともに融資を求めてきたら、「取引実績のある会社」に貸すのが当然です。

金融機関にお金を返済すると、今度は「貸してくれる」ようになります。「返してくれないかもしれない会社」には貸したくないが、「返してくれる会社には貸したい」と考える。お金を返せるのは、その会社に返済能力がある証拠です。だから**返済をすると、会社の信用が高まり、再び貸してくれます**。

5000万円返済すると、「5000万円貸していた会社」から「5000万円返済する力のある会社」に変わります。

②返済能力が高いこと

金融機関が融資先の融資判断をする際に用いるのが、**「格付け」**です。

格付けの評価分類は、大きく「安全性（健全性）」「収益性」「成長性」「返済能力」の4つに分類されます。格付けは、金融機関から見た会社の評価です（格付け方法は金融機関ごとに異なる）。

金融機関は、融資予定先の実力を評価し、格付けを決めています。もっとも多く点数が割り当てられているのが、「返済能力」です。つまり、**「儲かっているか」よりも、「現預金を持っているか」を重視**しています。月商の3倍の現預金を確保しておけば、金融機関は「この会社は、支払い能力がある」「この会社はキャッシュポジションがいい（手持ちの現金がたくさんある）」と判断するので、融資を受けやすくなります。

● **債務償還年数**……現在の利益やキャッシュフロー（入ってくるお金と出ていくお金の流れのこと）で、借入金を何年で返せるかを見るための指標。債務償還年数が長いほど、借入額が大きいことを意味しマイナス評価となる。

● **インタレスト・カバレッジ・レシオ**……利息を支払うだけの十分な利益を獲得できているか判断するための指標。数値が高いほど安全性が高いと判断できる。

● **キャッシュフロー額**……返済の原資。減価償却費と経常利益の合計。

金融機関の格付け表

定量分析	No	分析項目	配点	配点合計	割合
安全性	1	自己資本比率	10	34	26.40%
	2	ギアリング比率	10		
	3	固定長期適合率	7		
	4	流動比率	7		
収益性	5	売上高経常利益増加率	5	15	11.60%
	6	総資本経常利益増加率	5		
	7	収益フロー	5		
成長性	8	経常利益増加率	5	25	19.40%
	9	自己資本額	15		
	10	売上高	5		
返済能力	11	債務償還年数	20	55	42.60%
	12	インタレスト・カバレッジ・レシオ	15		
	13	キャッシュフロー額	20		
合計			129	129	100%

参考:池井戸潤『会社の格付』中経出版

③財務体質がスリムであること

「財務体質のスリム化」とは、

「売掛金や商品・原材料在庫を少なくする」

「余分な不動産などの資産を持たない」

ことです。

財務体質がスリムになると金融機関の評価が上がるため（格付けが上がるため）、融資を受けやすくなります。

財務体質をスリムにするには、貸借対照表（B／S）を見て**勘定科目の取り方を変える**ことが大切です（貸借対照表と勘定科目については、第3章で詳述）。

●**勘定科目**……会社のお金の出入を性質ごとに分類した項目のこと。

【財務体質がスリムではない会社の決算書】……銀行が嫌う

・仮勘定が多い

仮勘定とは、帳簿に記録すべき取引は発生したが、使用すべき勘定科目やその金額が未確定のために一時的に使用される勘定のことです。
前渡金・立替金・未収入金・仮払金などが多いと、会社の与信評価が下がります。

・社長借入金（役員借入金）がある

支払金利がもったいないからと、社長・役員が超低金利で会社に貸し付けを行うことです。

・社長貸付金（役員貸付金）がある

社長貸付金とは、社長・役員が法人からお金を借りることです。そのほとんどが回収困難となっていることが想定されるので、金融機関からは不良債権として見なされやすい。貸付金は金融機関が嫌う勘定科目です。

「会社が経営者にお金を貸し付けた」「経営者個人の飲食代を支払うために会社のクレジットカードを使った」「ほかの科目の残高が合わずに貸付金とした」といった場合、社長貸付金が発生します。社長貸付金が返済されていないことが発覚すると、役員賞与とみなされ、所得税の追徴課税を受けてしまうことがあります。

貸付金がある場合は、社長が金融機関からお金を借りて返済するのが正解です。その際、担保となる個人資産がない場合は、**会社が保証となる役員議事録をつけて借ります**。議事録は貸借対照表に残らないため、他行は社長の借入れを見ることはできません。保証も貸借対照表には載らない。

●与信評価……取引会社に融資や融資枠などの信用を与えること。

【財務体質がスリムな会社の決算書】……銀行が好む

・資産の部の勘定科目が少ない

・未収入金や未払金、仮払いといった「未」や「仮」のつく勘定科目がない

④透明性が高いこと

融資を受けたい会社は、自社の財務状況を正確に把握し、金融機関からの情報開示要請に応じて、資産・負債の状況、事業計画、業績見通し、進捗状況などの情報を正確に説明する必要があります。

経営の透明性を高めておけば、金融機関は「この会社はお金の使い方も事業計画も明確だし、不正もない。だから貸しても大丈夫だ」と評価します。

武蔵野は、**「①経営計画書」「②経営計画発表会」「③銀行訪問」の「3点セット」を提供して、情報開示**に努めています（3点セットについては、第4章で詳述）。

金融機関に融資の申し込みをすると、新規取引の場合、過去3期分の決算書と別表の提出を求められることがあります。別表とは、法人税の申告納付額を計算するための表です。「3期分」なのは、利益操作をさせないためです。1期2期なら粉飾決算できても、3期分の数字をごまかす（辻褄を合わせる）ことは簡単ではありません。売上、棚卸し、売掛金、減価償却費は、3期分の数字を見比べると、粉飾が見抜けます。

社長の給料を減らして黒字に見せかける社長もいますが、別表に記載された「役員報酬」を3期分連続で見れば、「社長の給料が下がっている＝会社の業績が下がっている」ことがわかる。

③ 実質的な融資の決定権は支店長にある

支店長を応援するのも社長の仕事

金融機関の融資担当者が「この会社に貸したい」と尽力しても、支店長が「貸さない」と判断すれば、それまでです。実質的な融資の決定権は、支店長にあります。

A支店長が「お金を貸します」と約束をしてくれました。ところが、融資の実行直前になって支店長が交代。新任のB支店長は、一転して「貸さない」と判断した。この場合、現任者であるB支店長の決定が優先されます。

支店長に「貸したい」と思ってもらうには、透明性を高めておくと同時に、**「自社の都**

合を押し付けないこと」「金融機関の貸し出しノルマにできる範囲内で協力すること」が大切です。多くの社長は、自社の都合だけで金融機関と交渉しようとします。ですが私は、「支店や支店長の都合まで考慮して融資を受ける」ことを心がけています。

中小企業の社長の多くは、「金融機関はなかなかお金を貸してくれない」と嘆きますが、そんなことはない。**金融機関はお金を貸したがっています**。なぜなら、銀行員の評価（支店長の評価）は、新規融資や融資増加額で決まるからです。

借りる側は「銀行は差別をしている」と不満を口にします。しかし、支店長の立場に立てば、それは差別ではなく「区別」です。融資先が焦げ付けば、自分の評価にも影響します。だとすれば、「返済能力のない会社」に貸さないのは正しい。

金融機関では半期ごとにノルマが割り振られます。金融機関の決算期は3月、半期決算は9月なので、この時期になると支店長は「どこかに貸し出せる会社はないか」「決算までにノルマを達成したい」と考えます。

私はそのことがわかっているので、金融機関の決算期前（中間決算前）になると、

「貸し出しは足りていますか？　足りていなければ武蔵野が協力します」

と声をかけたり、

「武蔵野にはこういう資金需要があります」

という情報を各行に伝えています。そして支店長から「借りていただけますか？」と相談をもちかけられたら、断らない。使う予定がなくても借りる。それが金融機関を応援することにつながります。

金融機関を応援してくれる社長と、応援してくれない社長だったら、応援してくれる社長にお金を貸したくなるのが支店長の心理です。

「金融機関はいつお金を貸したがっているのか」「金融機関の支店長はどのように評価されるのか」を知り、支店長を応援するのも社長の仕事です。支店長と一緒にゴルフに行ったり、飲食を共にしても応援したことにはならない。

支店長が来社されたときは、すぐに社長に報告する

普段は顔を出さない取引銀行の支店長が、アポイントも取らず、いきなりやってくることがあります。このとき支店長は、

「貸したいと思っているが、本当に貸しても大丈夫なのか、融資先の真実（現場、現実）を確認したい」

と考えています。「アポなし」なのは、融資先の普段の様子を確認するためです（事前にアポを取ると身構えられる）。

金融機関は２つの情報から融資の判断をしています。「定量情報」と「定性情報」です。

●**定量情報**……数字であらわせる情報。経常利益、収益力、売上高と経費のバランス、内部留保と資金繰り　など。

●**定性情報**……数字であらわせない情報。会社が明るいか暗いか、整理整頓が行き届いて

いるか、社員がイキイキと仕事をしているか、きちんと挨拶ができているか、規律が保たれているか　など。

金融機関が融資をする際は、定量情報と定性情報の両方を総合的に判断しています。支店長が直々に訪ねてくるのは、定性情報を確かめるためです。

定量情報（会社の数字）は、決算書や事業計画書を見ればわかります。しかし、定性情報は書類から読み取ることができないため、支店長が自分の目でチェックします。

私の不在時に支店長が来社したときは、「○○銀行の支店長がいらっしゃって、今、帰られました」とすぐに私にメールが入るようになっています。メッセージを受け取った私は、その場で○○銀行に電話をかけます。

「武蔵野の小山と申します。支店長はいらっしゃいますか？」

武蔵野を出たばかりですから、支店に戻っているはずがありません。「いない」のは承知の上。「武蔵野の小山から連絡があったことをお伝えください」と伝言を残しておけば、支店長は、「武蔵野には、大切な連絡がすぐに社長に届く仕組みがある」という定性情報を得られます。

④

中小企業は、どの金融機関からお金を借りたらいいのか?

都市銀行1、地方銀行2、信用金庫1、政府系金融機関1

取引する金融機関を1行に絞ってはいけません。1行としか取引のない会社は、その金融機関から融資を受けられなくなると、資金繰りが一気に悪化します。

「融資を受けられなくなったら、別の金融機関と新規で取引をすればいい」と考えるかもしれませんが、**そう簡単な話ではありません。**

取引実績のあったA銀行から融資を断られ、取引のなかったB銀行に新規融資を依頼したとします。

するとB銀行の融資担当者は、「A銀行が融資を断ったのは、貸しても返してもらえない可能性が高いからだ。この会社は、財務内容が悪化しているからに違いない」と判断します。前述したように、金融機関は継続性を重視するため、新規取引には慎重です。

取引のある金融機関から支援を受けられなければ、他の金融機関からの新たな資金調達は困難となります。**1行だけの単独融資は、リスクが高い。**メインバンクに資金を断たれたら、会社はすぐに倒れます。

そのリスクを軽減するために、地方銀行や信用金庫、政府系金融機関も含めた**複数行と取引をすべき**です。

中小企業は、

「都市銀行1、地方銀行2、信用金庫1、政府系金融機関1」

の割合で取引するのが基本だと私は考えています。

4、5行と取引があると、資金繰りが安定します。武蔵野は、現在10行（都銀2、地銀5、信用金庫2、政府系1）と取引をしています。

【複数行と取引をしたほうがいい理由】

・借入金の総額を増やすことができる。

・金利の比較が可能になる。

・金融機関同士の競争原理が働く。金融機関は横並びなので、「プロパー融資を受けやすくなる」「低金利で融資を受けやすくなる」「保証人なしで融資を受けやすくなる」「融資額が増える」といったメリットがある。

・「他の金融機関も評価している」ことが安心材料になり、融資の実行確率が上がる。

・金融機関ごとのスタンスの違いがわかる（融資姿勢など）。

・資金調達の使い分けができる。

・1行から貸し剥がしにあっても、他行からの融資で資金を調達できる。

・銀行の統合にも備えることができる。

取引銀行を選ぶときのポイント

取引銀行を選ぶときのポイントは、次の6つです。

・ポイント①　売上が5億円以下なら、都銀は1行

売上が5億円以下の会社なら、都銀は1行でかまいません。売上が1億円、2億円の会社であれば、無理して都銀とつき合わず、地銀や信金をメインバンクにします。

金融機関は取引実績を重視するので、「メインバンクは頻繁に変えない」のが基本です。ただし、「メインバンクの支店長が攻めタイプから守りタイプに変わったとき」や「財務体質が改善してもメインバンクが担保を外してくれないとき」などは、メインバンクを変更して他の金融機関の借入額を増やすことを検討します。

●**メインバンク**……会社が存続の危機に陥ったときに支えてくれる金融機関。プロパー融資の額がもっとも大きい金融機関をメインバンクにする。「給与振込の口座がある銀行」や「売上入金用の口座がある銀行」ではない。

●**プロパー融資**……プロパーとは、銀行が100%自己責任で事業資金を貸し出してくれる融資のこと。信用保証協会の保証を受けない融資のこと。

●**信用保証協会**……中小企業・小規模事業者の金融円滑化のために設立された公的機関。金融機関から事業資金を調達する際、信用保証協会は「信用保証」を通じて、資金調達をサポートする。信用保証協会が中小企業などの債務を保証すると、金融機関からの融資を受けやすくなる。

また、土地の担保価値は金融機関によって変わります。もっとも担保評価額が低いのは都銀です。

土地に1億円の担保価値があったなら、平均すると、

・都銀…7000万円（0・7倍）
・地銀…1億5000万円（1・5倍）
・第2地銀／信金…2億円（2倍）

まで貸してくれます。

担保価値から考えても、中小企業が都銀を軸足に置くのは得策でありません。

●**第2地銀**……相互銀行が名称を変更して誕生した金融機関。比較的小規模で、地域に根

ざしている。

・ポイント②　売上が5億円以下なら、「信用金庫」は不可欠

中小企業の場合、都市銀行や地方銀行よりも、信用金庫のほうが融資を受けやすいことがあります。

信用金庫は原則として、限られたエリア内の、限られた規模の会社にしか融資ができません。金利は高いものの、地域繁栄を目的としているため、中小企業や個人事業者などにも積極的に融資してくれます。

・ポイント③　メインバンクからの借入れは「全体の55％以内」に留める

3行から融資を受けるなら、**1行からたくさん借りずに、バランスよく借入れます**。

1億円借りるのに、A銀行9000万円、B銀行500万円、C銀行500万円の割合で借りると、A銀行への依存が高すぎる。これでは実質、1行から借りたのと変わりません。メインバンクからの借入れは、「全体の55％以内」に留めたほうが安全です（私の経験上、適正は35％）。

・ポイント④　政府系金融機関からの信用を得る

中小企業の資金のすべてを、民間金融機関に期待することはできないため、国は中小企業専門の公的金融機関を設置するなど、さまざまな助成措置を講じています。

日本政策金融公庫や商工組合中央金庫は、民間金融機関の支援が届かない部分を補う公的金融機関です。

「民間の金融機関よりも金利が低め」「創業初期でも申し込みやすい」「返済期間が長め」といったメリットがあります。

「中小企業を支援するために設立された」とはいえ、審査が甘いわけではありません。むしろ、「民間金融機関よりも厳しい」と考えて融資に臨むべきです。「はじめに」に登場した支店長によると、「政府系金融機関の審査は以前よりも緩い」ようですが、それでも、事業計画や資金計画をきちんと立てていなければ、審査落ちのリスクは高まります。

政府系金融機関から融資を受けることができれば、その会社は「返済能力がある」と判断されたと同じです。政府系金融機関からの借入れ実績は、他の金融機関で融資審査を受ける際の「評価の裏づけ」となるため、他行からも融資が受けやすくなります。

・ポイント⑤　近くの支店より、決済額の大きな支店を選ぶ

金融機関は、支店ごとに決済額が違います。

副支店長から昇進した支店長の決裁額が５０００万円だとすると、支店長を歴任した人が着任する支店の決済額は、その倍（１億円）になる（絶対にそうだと断言はできませんが、その可能性が高い）。２億円の決裁権を持っている地銀の支店長もいます。

だとすれば、１億円の決済額を持つ支店と取引をしたほうが、資金は調達しやすい。

ただし、「決済額の大きな銀行と取引をしたほうがいい」からといって、中小企業が都銀の本店と取引するのは無理です。本店が取引するのは、基本的に、売上が５００億円以上の大企業です。

【決済額の大きな支店を見分ける目安】

・支店長が代わったとき「以前は、どこの支店の支店長でしたか？」と尋ねる。副支店長から昇格した支店長より、支店長経験者のほうが決裁額は大きい傾向にある。

・ターミナル駅にある支店か、各駅停車しか止まらない駅の支店かで見極める。経験上、ターミナル駅にある支店のほうが決裁額は大きい。

商工中金と日本政策金融公庫の違い

	商工中金	日本政策金融公庫
❶主な取引対象	ある程度経営実績のある企業	個人・中小企業など
❷保証協会の保証は必要か	審査で必要とされた場合には必要あり	必要なし
❸預金・決済機能について	あり	なし
❹創業融資として利用できるか	基本的に不可能	可能

・着任の挨拶に来られたとき、「前任者と挨拶に来た支店長」は実力がある（決裁額が大きい）。

なお、一度取引が始まった支店を自社の都合で変えることはできません。

・ポイント⑥　社長の個人口座と会社の口座を分ける

社長の個人口座は、会社のメインバンクをはじめ、取引のある金融機関1行だけには置かないほうがいい。社長の資産が丸見えになってしまうからです。

⑤ 金融機関が担保を取るのは、「信用していない」から

無担保でも融資を受けることができる

金融機関が担保を取るのは、

「貸したお金と利息を期日までに返済してくれるかわからない」

からです。

金融機関が融資をする際、定量的、定性的に調査を行い、元本・利息の回収に問題ないかを審査します。

しかし、融資先が経営不振や倒産などの事態に陥るリスクもあるため、融資時に「担保」の提供を求めます。貸したお金を確実に回収する手段として担保があるわけです。

●担保……他人に与えるかもしれない不利益に対して、それを補うもの。

担保には、物的担保と人的担保があります。

●物的担保……抵当権や質権など。抵当権は、不動産（建物や土地）に設定する担保物権。

●人的担保……保証人や連帯保証人など。

多くの社長が「お金を借りるときは、担保を差し出すのが当たり前」と考えていますが、担保を提供しなくても、お金を借りることができます。

担保を差し出すのは、信用されていないからです。金融機関から信用を得ることができれば、無担保で融資を受けることが可能です。

武蔵野は現在、10行と取引をして**約28億円の借入れがあり、すべて無担保・無保証（物的担保も人的担保もない状態）です。信用金庫2行とも取引があるが無担保（理事長決済）**

物的担保と人的担保

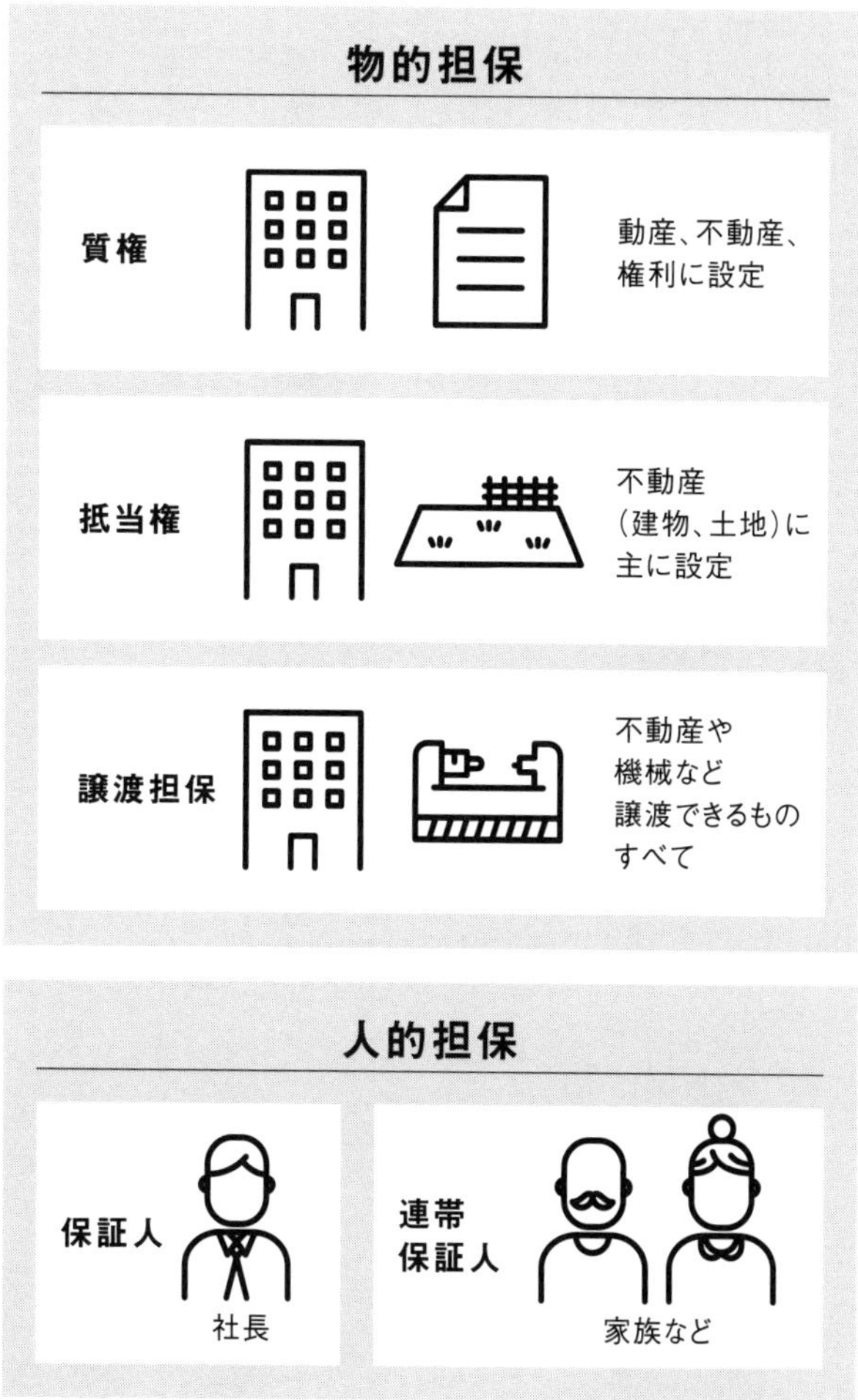
物的担保
質権
動産、不動産、
権利に設定
抵当権
不動産
(建物、土地)に
主に設定
譲渡担保
不動産や
機械など
譲渡できるもの
すべて
人的担保
保証人
社長
連帯
保証人
家族など

で、個人保証もありません。

また、現在私のところで経営の勉強をしている中小企業（約750社）のうち、**約65％は根抵当権を外すことに成功しています**。

●根抵当権……上限額（極度額）を決め、その設定金額の範囲内であれば、何度でも借入れと返済を繰り返すことができる。返済が完了しても抵当権は外れないのが特徴（抵当権は、完済した時点で担保が外れる）。

金融機関は、

「抵当権だと融資のたびに設定登記しなければならないので、その分、手間と手数料がかかる。けれど、根抵当にしておけば、毎回担保を設定しなくてよい」

「定められた上限まで反復借入れできるので、急いで追加融資を受けたいときには審査の時間が短縮できる」

と根抵当権のメリットを説明します。たしかにその通りですが、私はデメリットのほうが大きいと考えています。

【根抵当権のデメリット】

・根抵当権を解消する場合、複雑な手続きが必要である

抵当権の場合、抵当権の対象となる借入金を完済すると、自動的に解消します。しかし根抵当権の場合、借入金を完済しても、根抵当権は残ります。借り手側と貸し手側双方の合意がなければ、解消されません。金融機関が解消に応じてくれないケースもあります。

・他の金融機関に融資を申し込んだとき、「担保価値がない」ものとみなされてしまう

根抵当権は、極度額（上限額）の範囲内で担保するものです。

仮に土地を担保に出し、「極度額が1億円」と設定された場合、たとえ1000万円しか借りていなかったとしても、「1億円の融資を受けているもの」として担保価値が評価されます。

一般的に抵当権は、ひとつの不動産に対して、いくつでも設定できます。

その不動産を担保に最初にお金を貸した金融機関には1番抵当権が設定され、2番目に

お金を貸した金融機関に2番抵当権が設定されます（1番抵当権が優先されるため、2番抵当権は回収のリスクが大きい）。

別の金融機関が「1億円」の根抵当権を設定している不動産に対して、「2番抵当権でもいいので融資をしたい」と考える金融機関は稀です。つまり、金融機関側に立って考えると、「根抵当権にしておけばライバル銀行の参入を防げる」わけです。

一方、抵当権の場合、土地を分筆（ひとつの土地を複数の土地に分けて登記をすること）してその一部の土地にだけ抵当権を設定すれば、土地全体に抵当権を設定する必要がなくなります。分筆した残りの土地を他行の抵当権に入れて借りることも可能です。

抵当権を設定するなら、根抵当権ではなく、抵当権で借りる。根抵当権がついていると、担保価値が残っていても、他行から借りることが難しくなります。

抵当権と根抵当権は何が違うか

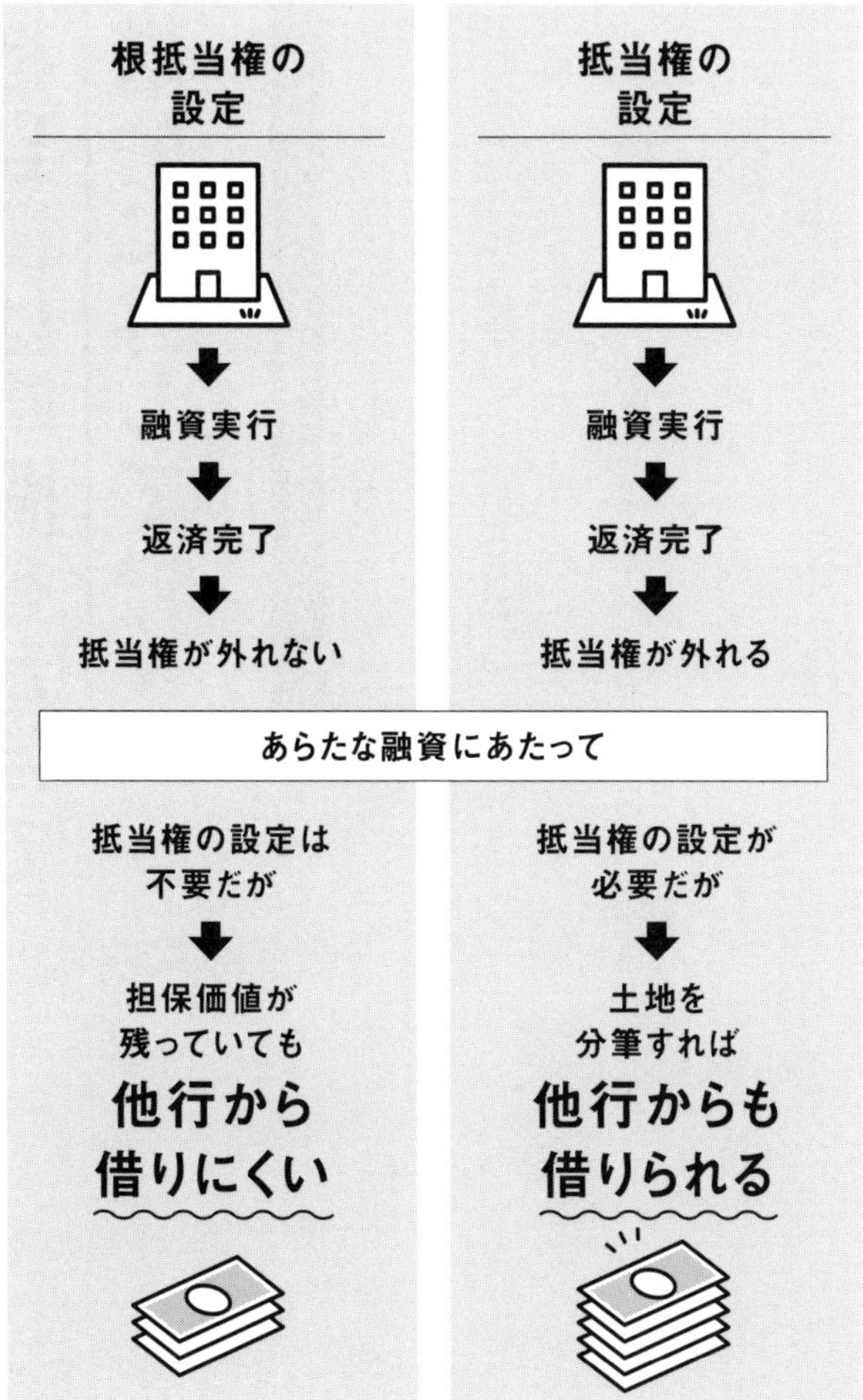
根抵当権の設定
融資実行
返済完了
抵当権が外れない
抵当権の設定
融資実行
返済完了
抵当権が外れる
あらたな融資にあたって
抵当権の設定は不要だが
担保価値が残っていても
他行から借りにくい
抵当権の設定が必要だが
土地を分筆すれば
他行からも借りられる

⑥ 根抵当権は時間をかけて段階的に外していく

小山昇は、どうやって根抵当権を外したのか

私が社長に就任したとき、武蔵野には複数行から総額1億円の借入れがあり、そのすべてに「根抵当権」が設定されていました。

武蔵野の業績は上り調子だったため（バブル期の恩恵を受けました）、すべての金融機関から追加融資を受けて、次のような手順で段階的に根抵当権を外しました。

【小山昇の戦略】

・取引のある金融機関から追加融資を受ける。

↓

・借入金額のもっとも少ないA銀行の借入金を全額返済するか同額以上の金額を普通預金に積み上げます。

↓

・A銀行の支店長に、次のようにお願いする。

「**今後は厳しい経営をやりたいと思っています。**そのためにも根抵当権を外していただけませんか？　根抵当権がついていると、『またお金を借りればいい』と考えてしまい、経営が甘くなります」

↓

・支店長は「経営が甘くなってもいいので根抵当のままで」とは言えない。しかたなく根抵当権を外す。

↓

・A銀行から、無担保で長期借入れをする。別の金融機関から借りたお金と合わせて借入金を増やし、「2番目に借入金額の少ないB銀行」の返済をする。

↓

・B銀行の支店長にも、A銀行と同じように「今後は厳しい経営をやりたいと思っています。そのためにも根抵当権を外していただけませんか？」とお願いする。

・B銀行の根抵当権を外す。
↓
・B銀行から、再び借入れをする。「3番目に借入金額の少ないC銀行」の返済をする。
↓
・C銀行、D銀行でも同じように交渉する。
↓

「経営者保証に関するガイドライン」に甘えない

中小企業の社長による個人保証（経営者保証）には、資金調達をしやすくする一方で、

「思い切った事業展開がしにくい」

「個人的責任を負うことをおそれて、早期の事業再生や事業清算に踏み切れない」

「会社が倒産した際に、社長個人に負債がのしかかり、最悪の場合は自己破産する」

といった課題があります。これらの課題の解決策として、全国銀行協会と日本商工会議

所は「経営者保証に関するガイドライン」を策定しています。

経営者保証に関するガイドラインは、経営者保証を提供することなく資金調達を受ける場合の要件等を定めたものです。

次の３要件が整備されていれば、

「経営者保証なしで融資を受けられる可能性」

「すでに提供している経営者保証を見直すことができる可能性」

があります。

(1) 資産の所有やお金のやりとりに関して、法人と経営者が明確に区分・分離されている。

(2) 財務基盤が強化されており、法人のみの資産や収益力で返済が可能である。

(3) 金融機関に対し、適時適切に財務情報が開示されている。

ただし、経営者保証に関するガイドラインは、中小企業、経営者、金融機関共通の自主的なルールと位置付けられていて、法的な拘束力はありません。経営者保証を解除するかどうかの最終的な判断は、金融機関に委ねられています。

2023年4月に一部改正され、金融機関は個人保証を求めるにあたって、「どの部分が十分ではないために保証契約が必要となるのか、個別具体の内容」「どのような改善を図れば保証契約の変更・解除の可能性が高まるか、個別具体の内容」について説明をする義務が生じました（金融機関は説明内容を記録し、金融庁へ報告する）。

だから、個人保証を求められて納得がいかなければ、このガイドラインを見せて「保証が外れる要件をご指導ください」と言ってもいい。

もっとも、この改正により「個人保証をしなくても融資を受けやすくなるのではないか」と期待する声もありますが、私は「そう簡単な話ではない」と考えています。

ガイドラインがあろうとなかろうと、「個人保証を外して、大丈夫か」という不安があるかぎり、金融機関は保証を求めます。

武蔵野が無担保融資を勝ち取ることができたのは、75ページで紹介した「金融機関がお金を貸したくなる4つの条件」（①取引実績がある／②返済能力が高い／③財務体質がスリム／④透明性が高い）をクリアしているからです。

結局のところ、担保を確実に外すには、会社の透明性と返済可能性を高めていくしかありません。

自社の経営努力なくして、無担保融資を受けることはできないのです。

抵当権が外せないのは、社長が無知だから

文唱堂印刷株式会社（東京都千代田区／橋本唱市社長）は、物流ができる印刷会社として企画・デザイン・物流までをフルサービスで提供しています。

かつて文唱堂印刷は、都銀から約8億円の借入れをしていました。工場の土地には根抵当権がつき、それだけでなく、預金口座（1億円）やグループ会社の土地にまで抵当権が設定されていました。

業績は堅調。にもかかわらず都銀は担保を外してくれない。そこで私は、橋本社長に**「融資の借り換え」**を提案しました。

私は、武蔵野と取引のあったA銀行の支店長に、文唱堂印刷を紹介。金融機関にとって「新規融資先の開拓は重要度が高い」ため、支店長は融資を快諾。橋本社長は10億円の融資を受けました。

A銀行の計らいもあって、現在、都銀の**根抵当権はすべて外れています**。橋本社長が都銀の融資担当者に「全額返済します」と申し出たとき、担当者は心底驚いていたそうです。金融機関にとって、融資先を失うことは一大事だからです。

中小企業の社長の多くは「根抵当権（抵当権）は外せない」と思いがちですが、金融機関の実体を知った上で正しく交渉をすれば、外すことは可能です。

コラム

会社法から考えると、個人保証をしたほうがいいケースもある

私は、中小企業の経営者に「無担保、無保証で融資を受けるべき」と指導をしています。

ただし例外的に、

「個人保証をつけたほうがいい」

と指導をするケースがあります。たとえば、**社会福祉法人が借入れをする場合**です。

「個人保証」が理事長職を守ることにつながる

社会福祉法人は、良質な福祉サービスの提供を目的とする民間の非営利法人です。社会福祉法人の「理事」は法人の役員であり、業務執行をつかさどる「理事会」の構成員（理事の員数は6名以上）として、業務執行を担います。

理事を代表する「理事長」は、会社における代表取締役のような存在で、代表権と業務執行権を持っています。

理事長は、2年に1度、理事の互選によって選任されます。自分が立ち上げた社会福祉法人であっても、理事会の判断次第では、理事長を解職させられることがあります。

安定的に社会福祉法人を運営するには、理事長として長期にわたって業務執行権を行使することが前提です。

理事長職の解職リスクを回避する方法のひとつが、「借入れ時の個人保証」です。

理事長が法人の運営資金を借入れしている場合、理事長の個人保証や担保を後継者が引き継ぎます（新しい理事も金融機関から連帯保証を求められるのが一般的）。

現理事長のAさんが、金融機関からの借入れに際して3億円の個人保証を負っていたとします。すると、理事の多くはこう考えます。

「もし自分が次の理事長になったら、3億円の個人保証を負わなければいけない。それは怖い。なので、自分は理事長にはなりたくない。次の理事もAさんでいいのではないか」

つまり、現理事長が個人保証をしておけば、次も理事長に選任される確率が高くなるわけです。

社会福祉法人れんげ福祉会（長野県大町市／藤巻秀卓理事長）は、特別養護老人ホーム、・ケアハウス、ヘルパーステーション、デイサービス事業を運営しています。

藤巻理事長も**「個人保証をつけたほうが、法人の運営が不安定になりにくい」**と考えています。

「社会福祉法人は非常に公益性が高いため、健全経営が求められています。介護保険制度が制定されてから経営の自由度が増した分、資金調達も自己責任で行わなければなりません。金融機関から見ると、社会福祉法人は安定性が高いため、無担保、無保証でも貸付けていただけるとは思います。それでも私が、個人保証枠を増やした上で借入れをしているのは、理事長から解職されないためです」（藤巻秀卓理事長）

介護保険制度が制定された2000年当時、長野県大町市周辺には介護サービスを提供できる施設がなかったため、「だったら、私がつくる」と藤巻理事長は決意。2001年7月に社会福祉法人れんげ福祉会を設立しました。

れんげ福祉会のホームページには、藤巻理事長の強い想いが次のように綴られています。

「私は先々代より引き継いだ米穀商に従事していたため、最初は戸惑いもありましたが、『商売でお世話になった地域の方々に喜んでいただきたい』という一念から、社会福祉法人として業界に参入しました。（略）自分の責任や使命を自覚し、それをまっとうできる人材。そして、自分の介在価値を実感し、やりがいを感じながらイキイキと働ける人材。こうした人財を育成し、『職員一人ひとりが経営視点を持って自発的にサービスを向上させていく組織』をつくることが大切です」（れんげ福祉会のホームページより一部抜粋）

「人財が育つ環境を整え、高齢者福祉を支えていく」ためには、長期的な運営が必要です。理事長という立場をたやすく失う環境にいては、理想の組織はつくれない。個人保証は藤巻理事長にとって、組織を盤石にする方法のひとつなのです。

⑦ 給与振込口座は、担保と同じ価値がある

金融機関にとって、給振口座は大きな収入源である

わが社は、社員の給与振込口座（給振口座）を統一しています。

統一している理由は、**給振口座が担保代わりになる**からです。給振口座は、原則的に、会社による金融機関の指定はできません。ですが、武蔵野のように従業員の同意を得た上で金融機関を指定すれば、金融機関の交渉材料に使うことも可能です。

金融機関の利益の源泉は、おもに2つあります。

①お金を貸し、融資額と期間に応じた利息をもらう。
②提供したサービスに応じた手数料をもらう。

社員が、給振口座のある銀行で定期預金、クレジットカード決済、キャッシュカードでの引き出しや振込、公共料金の引き落としをすれば、手数料はかなりの金額になります。

「給振口座が増える＝手数料収入が増える」
「給振口座が減る＝手数料収入が減る」

金融機関にとって、給振口座を失うことは大きな痛手です。ある金融機関の元常務は、**「給振口座が一度に５００口座以上なくなったら、その支店長は、確実にクビになる」**と話していました。

A社長の会社は支払手形を出していて、資金繰りがショートしかけていました。私のところに相談に来て、「都銀に５０００万円の融資を掛け合ったけれど、相手にしてもらえない」というので、私が事業計画書の内容を作成した上で、次のようにアドバイスしました。

「1億円で申し込みをするように」

A社長は、「5000万円で断られたのに、1億円で申し込むのはおかしい」と思ったようですが、実際には1億円の融資を受けることができました。

融資の決め手になったのは、「従業員約100名以上の給振口座をつくる」提案をしたことです。給振口座を交渉材料として差し出した結果、融資を受けることができた。

A社長には後日談があります。「5000万円余計に借りられた」ことに気をよくし、あろうことかそのお金で、4000万円以上もする高級スポーツカーを購入したのです。

そのことを知った私は、さすがに頭に来た。私はセミナー代金を全額返金して「もう、明日から来なくていいです」と告げました。A社長はその後、父親である会長から社長職を解任されたそうです。

秋田県でスーパーチェーンを展開している**有限会社中央市場**の金沢正隆社長（当時）は、かつて、内諾を得ていた融資の審査を土壇場でひっくり返され、あわや倒産という目に遭いました（金沢社長が九死に一生を得た経緯は『無担保で16億円借りる小山昇の〝実践〟銀行交渉術』をご覧ください）。そのときの支店長が頭取になり、当時の苦い思い出がよみがえった金沢社長は、従業員の給振口座を他行に変更すると担当者に連絡しました。

すると**頭取が文字通り「飛んで」きて、４億円の融資が決まった。**

また、関東圏で清掃サービスを展開する**アポロ管財株式会社**（東京都狛江市）の橋本真紀夫社長は、メイン銀行が武蔵野と同じA銀行だったとき、**社員一人あたりに１万円の口座変更手数料を支払って、給振口座をA銀行に統一**しました。その後、銀行融資がスムーズになった。

給振口座は金融機関にとってそれだけ重い。

⑧ 手形貸付ではなく、証書貸付で借りる

手形貸付は「待った」がきかない

金融機関の融資には、「手形貸付」と「証書貸付」があります。

●手形貸付……金融機関に対して、約束手形を振り出す形式の融資。約束手形とは、振出人（金融機関）・受取人（会社）・金額・支払期日などを記載し、振出人が手形の期日に全額支払うことを約束した有価証券（経済産業省は、企業間の支払いに使う紙の約束手形について2026年をめどに廃止する方針）。手形貸付の返済期間は原則として1年以内となっているため、基本的に短期借入金として利用される。

●**証書貸付**……融資条件（金額、返済条件、金利等）を記載した「金銭消費貸借契約証書」という契約書に判子を押して融資を受ける。返済期間が1年を超える長期融資でこの方法がとられ、返済は金融機関と取り決めた間隔で行う（毎月分割が一般的）。期間が長くなれば、1回あたりの返済額も減るため、資金繰りの観点から有利になる。手形貸付よりも多額の融資を受けられるが、手形貸付に比べて「収入印紙」が高い。

●**収入印紙**……税金や手数料、その他の収納金徴収のために政府が発行する切手のような証票のこと。融資額が上がるごとに印紙税の金額も増えていく。

手形貸付には、

「印紙税が安く、借入れコストを抑えられる」
「事務手続きが少なく、審査完了までの期間が短い」
「スピーディーに資金調達できる」

といったメリットがありますが、**期日に落とせないと「待った」がきかない**。手形貸付を行うと、期日に振出人の当座預金から代金が引き落とされます。振出人は期日までに手形に記載した全額を支払わなければなりません。

手形貸付の約束手形には法的拘束力があるため、期日になっても残高不足だった場合には、「不渡り」となります。

●不渡り……期日に資金が足りず、振り出した手形の決済ができない状況。6ヵ月以内に2度の不渡りを出すと「銀行取引停止」の処分を受け、実質上は倒産する。1回不渡りを出しただけでも、取引先、得意先、金融機関の信用を失う。

一方、証書貸付であれば、毎月の支払い期日に現預金がなくても会社は潰れません。**期日をすぎても返済さえできれば「待った」がきく。**

支払利子が足りなければ「利子分だけ貸してください！　○日には入金があります！」とお願いして借りることもできます。

中小企業の社長の中には、「印紙税を安くしたい」「審査の準備や手間を省きたい」という理由で手形貸付を選ぶことがあります。ですが、手形貸付は証書貸付よりも不渡りを出すリスクが高いため、「証書貸付で借りる」のが得策です。

ただし金融機関を信用してもいいが、やることは信用しない。このとき私は借入証書のコピーをとるよう経理に指示しています。

「コピーをとるくらいのことは、教えなくても社員はできる」と多くの社長は思っているが、こんなことも、あんなこともできないのが、まともな社員です。手間暇をかけて、手取り足取り、泥臭く教えるのが一番の早道です。だから、現物をコピーして確認させる。

お金さえあれば、どん底のときでも、天はすべてを奪いません。また、有頂天になっているときも、天はすべてを与えてくれません。どのような場合でも、**お金があれば必ず道は見つかります**。

会社は赤字でも潰れません。
潰れるのは現金不足です。
解決策はお客様が教えてくださる。
利益は社長と社員が力を合わせて出す。
資金運用は社長一人で変えられる。

⑨

定期預金をすると、実質的な金利が高くなる

お金を借りるほど金利が低くなる仕組み

借入金の金利を低くできたとしても、借りたお金の一部を「定期預金」に預けていると、実質金利は高くなります。

- **実質金利**（実金／実行金利）……実際に支払う金利。実質的な金利負担を実質的な借入残高で割れば計算できる。

【実質金利の計算式】
実質金利＝（支払利息＋割引利子－受取利息）÷（借入金＋割引手形－固定預金）×100

1億円を金利2％で借入れし、その中から5000万円を金利0・5％で定期預金に預けた場合、実質金利は「3・5％」になります。

【例】（割引利子と割引手形は考慮せずに計算）

・借入金：1億円（金利2％）

支払利息：1億円×2％＝200万円

・固定預金（定期預金）：5000万円（預金金利0・5％）

受取利息：5000万円×0・5％＝25万円

（200万円－25万円）÷（1億円－5000万円）×100＝3・5％

定期預金の預金金利は、借入金の支払金利よりも低いので、実際の金利は高くなります。

借入金を1億円から1億5000万円に増やすと（定期預金は増やさない）、実質金利は低くなります。

（300万円－25万円）÷（1億5000万円－5000万円）×100＝2・75％

一方、定期預金を5000万円から8000万円に増やすと（借入金は増やさない）、実質金利は高くなります。

（200万円－40万円）÷（1億円－8000万円）×100＝8％

この実質金利の仕組みから、**「お金を借りるほど金利は低くなり、固定預金を増やすほど金利は高くなる」**ことがわかります。**「融資を受けている金融機関に定期預金を預けること」は、「多くの利息を支払っていること」と同じ**です。

かつて金融機関には、「歩積両建（ぶづみりょうだて）」がありました。貸したお金の一部を定期預金として預けさせる仕組みです。現在は禁止されていますが、それでも金融機関は保全の手段として、「金利は安くするので、そのかわり定期預金をしてほしい」「定期預金をしてくれるの

実質金利の仕組み

計算式

（支払利子 ＋ 割引利子 − 受取利子）÷（借入金 ＋ 割引手形 − 固定預金）× 100

例

借入金:3,000、固定預金:1,500
支払金利:10%（年利）、受取金利:5%（年利）の実質金利は…

（300−75）÷（3,000−1,500）×100＝**実質金利15%**

借入れを1,000増やすと…

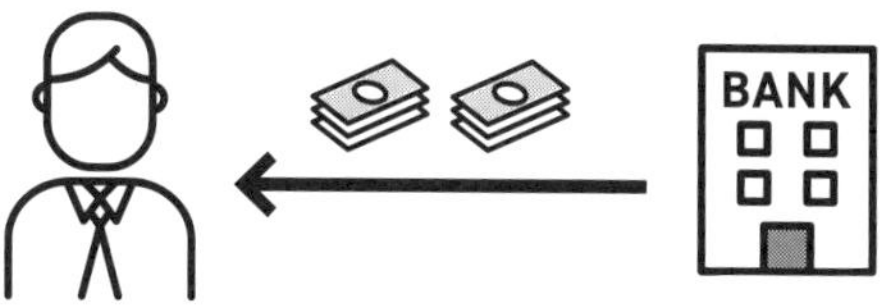

（400−75）÷（4,000−1,500）×100＝**実質金利13%**

固定預金を500増やすと…

（300−100）÷（3,000−2,000）×100＝**実質金利20%**

**➡お金を借りれば借りるほど金利は低くなり、
預金をすればするほど金利は高くなる**

なら、融資します」と匂わすことがあります。このとき、「断ったら融資を受けられなくなるのでは」と考えて、定期預金をつくるのは早計です。実質金利が高くなってしまいます。「実質金利が高くなる」＝「金融機関が儲かる」仕組みです。

定期預金は「何本かに分ける」のが基本

定期預金をするのであれば、**「1本にまとめず、何本かに分けておく」**のが基本です。

1億円を定期預金にするなら、「1億円を1本の定期預金」にまとめるのではなく、「2500万円×4本の定期預金」など、いくつかに分けるほうが安全です（4本にする場合、1月、4月、7月、10月と時期を分けて、それぞれ1年定期で持つ）。

「A銀行に『1億円1本』の定期預金」を持っている会社が、定期預金担保貸付をすることになったとします。定期預金担保貸付とは、定期預金を担保にしてお金を借りる方法です。

1億円の定期預金を担保に2500万円の融資を受けた場合、担保の仕組みがわかっていない社長は、「根抵当権」のときと同じ過ちをおかします。つまり、「あと7500万円借りられる」と考えるのです。

ですが、この1億円はA銀行に拘束されているため、2500万円の担保価値しかありません（7500万円借りることができない）。

一方、「2500万円×4本の定期預金」分けておけば、1本を担保に差し出しても、残りの3本は自由に使えますし、残りの定期預金を担保にしてお金を借りることもできます。2500万円の定期預金を担保にすれば、5000万円～6000万円くらいまで借りることができるでしょう。

武蔵野は、定期預金が満期になったら、いったん普通預金に戻し、再度、定期預金を行っています。

金融機関は定期預金の解約を嫌うため、「もう一度、戻す」ことで信用を得ることができます。

売上5億円以下の会社は「金利が高い」と文句を言ってはいけない

金利が高いと文句を言う社長にかぎって、私からすると「金利の仕組み」がわかっていません。

1億円を1社に貸したら、1社当たり1億円ですが、10社に貸せば、1社当たり1000万円。100社に貸せば、1社当たり100万円。1000社なら10万円です。

つまり、**少ない額を大勢に貸すと手間がかかるから、金利が高くなる**。

金利が安いのはたくさん借りている会社です。鶴見製紙株式会社（埼玉県川口市／里和永一社長）の長期借入金は、現在約125億円、保有する現預金は82億円。年間の支払い利息は約5000万円、金利は0・4％です（295ページ参照）。

売上5億円以下の会社は、金利より、金額にこだわるべきです。たくさん借りて未来に投資をして、会社を成長させる。金利の交渉はそのあとです。

９９%の社長が知らない金利の仕組み

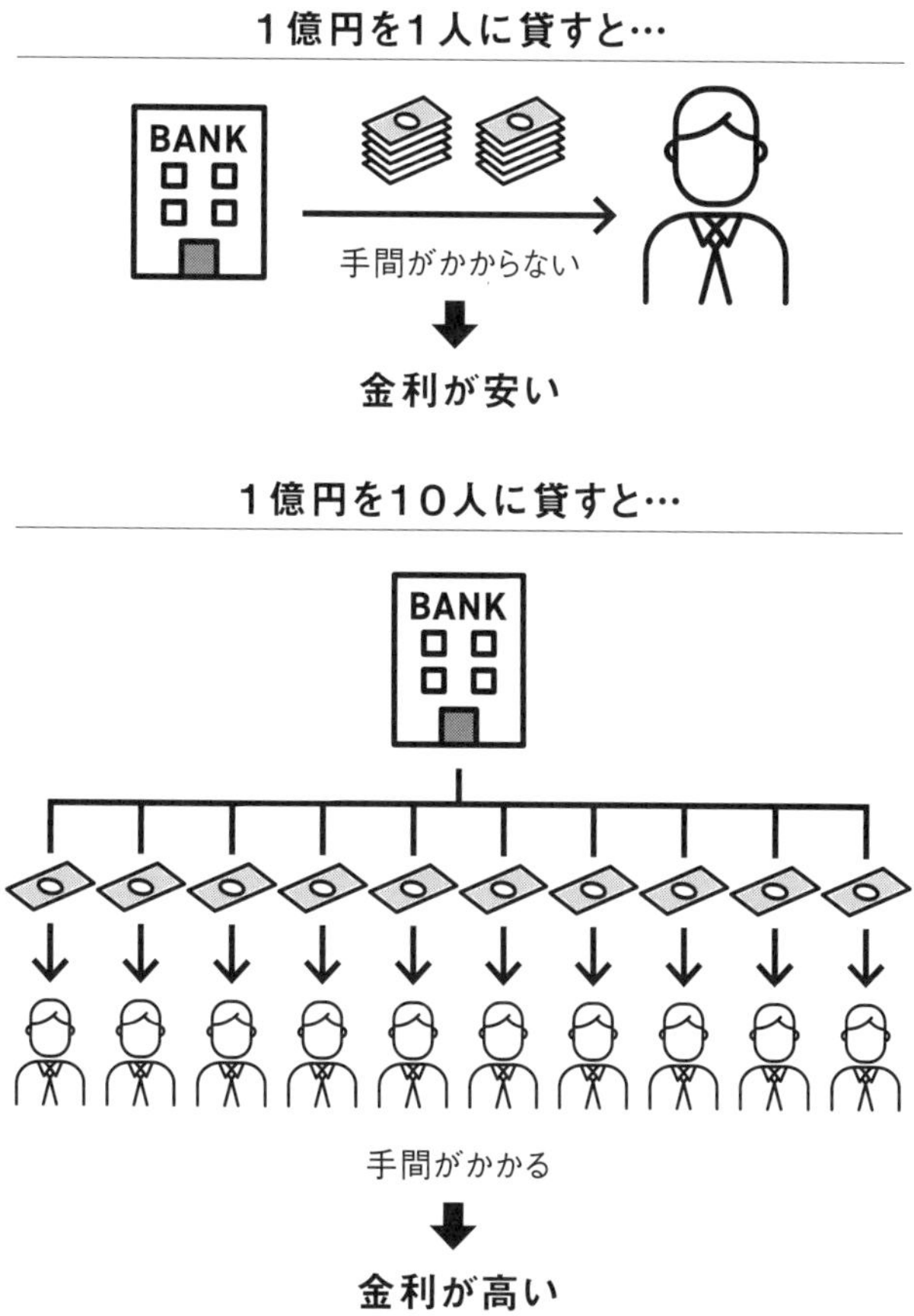

たくさん借りなければ、金利は安くならない

⑩ 長期で借りて、繰り上げない。返したら、また借りる

資金の余裕があっても、繰り上げ返済はしない

金融機関から融資を受けるとき、わが社では、

「長期で借りて、繰り上げない。返したら、また借りる」

のが基本です。つまり、

「①短期ではなく長期で借りる」

「②資金に余裕があっても繰り上げ返済はしない」

「③折り返し融資を受ける」

ようにしています。

①短期ではなく長期で借りる

借入金は、短期ではなく長期で借ります。そのほうが格付けが上がるし、同じ額の借入れなら、長期借入金のほうが毎月の返済額が少なくてすみます。

短期借入金は、業績がいいときは金融機関も応じてくれますが、悪くなると応じてくれません。長期で借りていれば急な変化に対応できるため、経営が安定します。

短期で借りるのであれば、季節資金（賞与など）、納税資金に留めます（武蔵野は十分に現預金を持っているので、季節資金や納税資金も長期借入金です）。

②資金に余裕があっても繰り上げ返済はしない

会社の業績が上向いていると、多くの社長がこう考えます。

「高い利息を払うのは損だ。今はお金にも余裕があるから借入金を必要としていない。だったら、繰り上げ返済しよう」

ですが、資金に余裕があっても、繰り上げ返済をしないほうがいい。理由はおもに２つあります。

●繰り上げ返済……毎月の返済とは別に、借入額の一部（または全額）を返済すること。

（1）充分な現預金を確保することで、キャッシュフローが良くなるから

不測の事態に陥ったとき、現預金が不足していると対応できません。きちんと返済計画を立てて返済日と返済額を決定しているのだから、会社の資金を急いで減らす必要はありません。

（2）繰り上げ返済をすると金融機関が損をするから

金融機関が融資をする際、「この会社にこれだけのお金を貸すと、これだけの利息が得られる」という「期限の利益」をあらかじめ計算しています。したがって、期限より前に返済されると、金融機関の利益が少なくなります。

業績の悪いとき、支店長が本店融資部と交渉して融資を勝ち取って、赤字が黒字になり、業績が向上することもある。**恩をあだで返すような返済は、人の道を踏み外します。**

金融機関から返済要求があった場合は繰り上げ返済をしてもかまいませんが、そのときは他行からの借入れを増やしておく。そうしないと、キャッシュフローが悪くなります。

③折り返し融資を受ける

折り返し融資とは、**返済した範囲内でもう一度融資を受ける**ことです。

「5000万円を期間5年」で借りていて、2年半で2500万円返済したとします。未返済分（融資残高）は2500万円です。

その時点でもう一度「2500万円を期間5年」で借りると手元資金は再び5000万円になります。

借りた額が半分くらいになったら折り返しで借りると、手元の現預金を確保し続けることが可能です。

・5000万円を期間5年で借りる……融資1回目

←

・2年半で2500万円返済する

←

・借入金の残高は2500万円（1）

←

・折り返し融資で2500万円を借りる（2）……融資2回目

↓

・現預金の残高は（1）＋（2）＝5000万円

↓

（融資1回目の未返済分2500万円は繰り上げ返済しない）

↓

・融資1回目と同様に、手元に5000万円が残る

なお、**社債でお金を借りてはいけません**。ある社長は、個人保証なしで1億円を調達でき、新聞に載って喜んでいたが、5年後の返済時に、それなりの赤字だと一括返済ができなくなります。返済できなければ、銀行は抵当権・根抵当権・定期預金の担保か個人保証を要求してくる場合がある。

また、金利は前払いのため、支店長が交代すると、次の支店長にとっては何の成績にもならないため、応援してもらいにくくなります。

折り返し融資とは

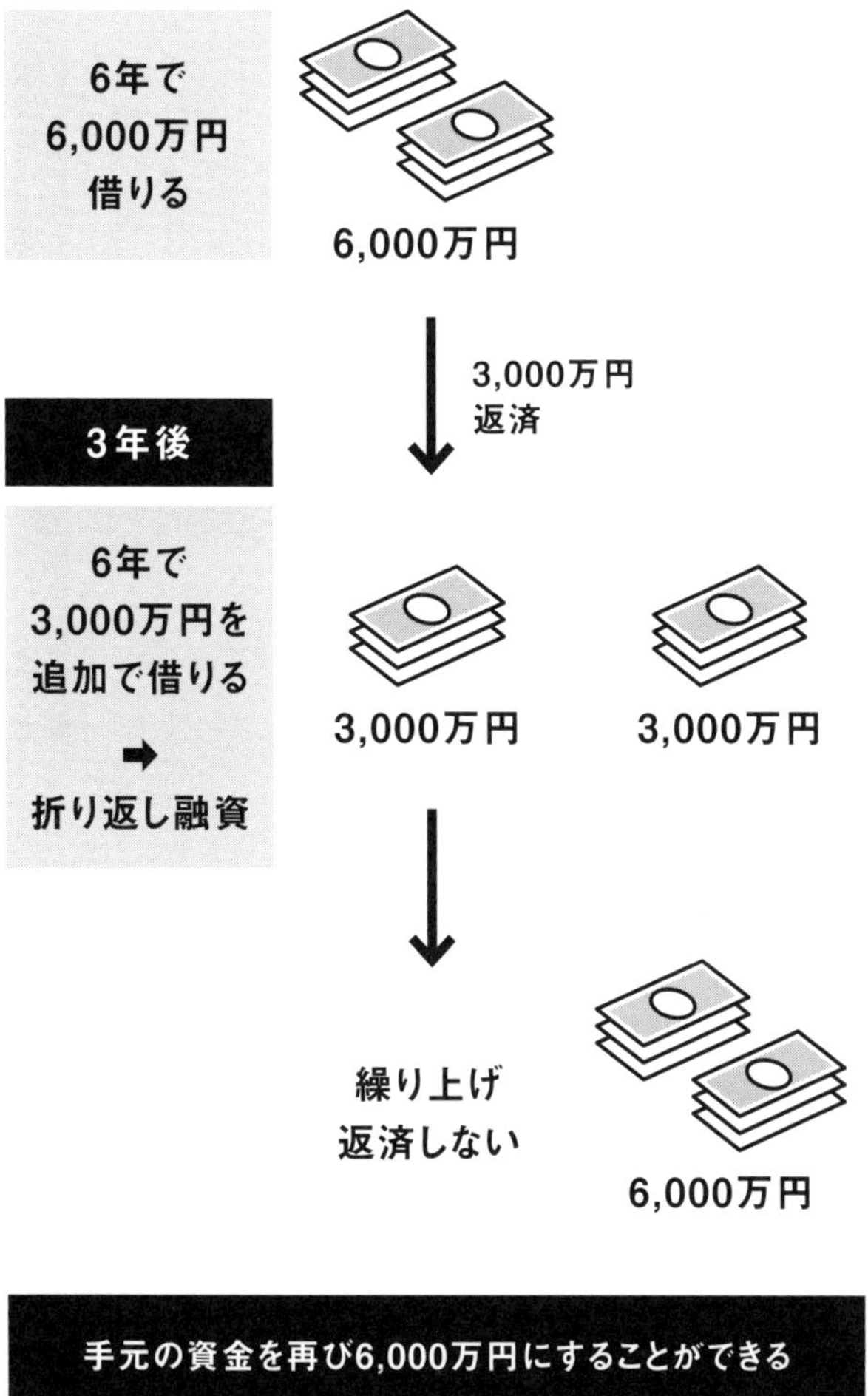

6年で
6,000万円
借りる
6,000万円
3,000万円
返済
3年後
6年で
3,000万円を
追加で借りる
➡
折り返し融資
3,000万円
3,000万円
繰り上げ
返済しない
6,000万円
手元の資金を再び6,000万円にすることができる

リスケをするなら「厳しい経営」を覚悟する

リスケジュールは、リスケとも呼ばれ、借入金の返済条件を変更することです。

具体的には、

・毎月の返済額を一定期間、減額する
・返済期限を延長する

などの変更を行います。

金融機関は、「不良債権を出したくない」と考え、「将来的に全額回収できる」と見込めば、リスケに応じてくれます。

会社が倒産すれば融資したお金を回収できないため、「返済条件を変えてでも会社を立て直してもらったほうがいい」と考えます。

◎リスケのメリット

・返済を一定期間待ってもらえるため、資金繰りがラクになる。
・リスケをしている限り、金融機関は回収を強行しないため、すぐに倒産することはない。
・リスケ中に業績が向上すると、現預金が潤沢になる。

◎リスケのデメリット

・リスケ中は、その金融機関から新規融資は認めてもらえないのが一般的。
・他行からの新規融資も難しくなることがある。

リスケの期間は、半年から1年程度です。

「リスケをした」ということは、「事業が窮境に陥った原因」「資金繰りが悪化した原因」が必ずあります。

半年から1年の間にその原因を突き止め、改善あるいは会社を変革させなければ、リスケをしたところで、会社は早晩、倒産します。

リスケをして「返済期間を長く、返済金額を少なく」するのであれば、**厳しい経営に踏み出す覚悟が必要**です。

A社は、合計3回リスケを認められたが、通常ではありえないことです。1回目の暫定リスケ（経営改善計画を提出するまでのリスケ）期間中に、コロナ禍による特例リスケがあり（2回目）、最初のリスケが「リセット」されたため、再度、暫定リスケを認めてもらえた（3回目）。

A社の社長は、私の指導を受けながら、歯を食いしばって、厳しい経営に取り組んでいるところです。

コラム

リスケを実施し、見事にV字回復を実現

4度の経営危機をいかにして乗り越えたか？

名古屋眼鏡株式会社（愛知県名古屋市／小林成年社長）は、眼鏡フレーム・眼鏡レンズ、眼鏡関連用品の企画、販売をする会社です。

先代（父親）は、「土地を売る眼鏡屋」と噂されるほど土地の売買に熱心だったため、バブル崩壊後は支払利息額が膨れ上がり、金融機関の評価は「要管理先」に区分されていました。要管理先に対する貸出金は、通常、優良な担保・保証で保全されていない限り、不良債権とみなされます。

1999年、父に代わって経営を託された小林成年社長は、厳しい舵取りを求められました。**「これまでに4度、経営を揺るがす事態に直面した」**と小林社長は話しています。

・第1の出来事　2001年／ライバル会社の倒産

ライバル会社の倒産を受けて小売店からの注文が殺到したため、仕入を増やすにあたって支払手形を発行しました。

売上が増えているときは、支払手形でも決済できます。ですが、小売店が他の会社にも注文を振り分けるようになったため、売上が激減。支払いに回すお金が不足し、手形の支払履行のメドが立たず、「このままでは、あと1週間で倒産」という待ったなしの状況に追い込まれました（セーフティネット保証制度を利用し、首の皮一枚で倒産を回避）。

・第2の出来事　2005年／大手小売チェーンとの契約終了

大手小売チェーンから値引要請。「値引きをしてこれ以上営業利益率が下がると赤字になる」と判断し、値引きには応じず、前年と同じ見積額を提出。

結果、契約を切られることになります。名古屋眼鏡の総売上の15％を失いました（花粉防止グラス「スカッシー」の販促に力を入れたことが功を奏し、結果的に過去最高益に）。

・第3の出来事　2009年／有名メーカーとの取引終了

名古屋眼鏡は、ある有名サングラスメーカーの販売代理店になっていましたが、メーカーが代理店販売から直販に販売チャネルを変更。そのメーカーのサングラスを販売できなくなったことで、売上が15％ダウンしました（手元資金があった、手形取引をやめていた、在庫が減った、支払いが減ったなどの理由で、ピンチを乗り越える）。

・第4の出来事 2015年／リスケをしてキャッシュフローを改善

人気商品の花粉防止グラス「スカッシー」の売上が落ち込み赤字に。資金繰りに窮して、リスケをすることに。バンクミーティングが開かれ、金融機関の厳しいチェックの下で経営改善に取り組み、見事、V字回復を果たします。

●バンクミーティング……融資返済が困難になった企業に対して、取引のある金融機関が、一堂に会して今後の対応について協議するミーティングのこと。

売れ残り商品が山積みに！ 融資を受けられずリスケを決断！

第4の出来事に際して、小林社長はどのように名古屋眼鏡の財務体質を立て直したのでしょうか。

「2013年は花粉の飛散量が多く、スカッシーの売上は堅調でした。小売店は、『来年の2014年も飛散量は多くなるだろう』と考え、発注量を増やしました（私たちの受注量が増えました）。ところが2014年春のスギ・ヒノキ花粉の飛散量は、全国で昨シーズン比約60％と、減少しました。

スカッシーは卸売ではなく、委託販売が基本です。委託販売とは、商品の所有権は自分が持ったまま、販売だけを小売店に委託する販売方法です。売れ残った商品は、当社に返品されます。大量に納品して、その多くが返品となると、粗利は出たとしても、そこに大きな手間がかかっているだけに、実際はマイナスです。この年、在庫がおよそ2億円も増えてしまい、返済に困るようになりました。金融機関は長期融資に消極的だったため、短期融資でしのぐ状況でした。

追い討ちをかけるように、2015年の花粉の飛散量も前年の約80％と減少したため、余剰在庫を抱え続けてしまったのです」（小林成年社長）

2年連続で赤字となり、短期融資さえ受けられない状況になったとき、小林社長はサブ銀行の融資担当者から「固い事業計画を出してください」と提案されます。固い事業計画とは、売上成長率の低い現実的な計画のことです。

「小山社長に相談をすると『**お金になるものは現金化すべき**』とアドバイスをいただき、有価証券や生命保険を現金化して含み益を出し、赤字額を埋めていきました。社長の私と役員である弟の役員報酬を引き下げることも決めました。

それでも、サブ銀行からは色よい返答を聞くことはできず、他行の融資担当者の意見も聞いた上で、最終的にリスケを決めました。リスケを決めてから、取引のあった7行すべての融資担当者に事情を説明し、その後、支店長にアポイントをとって、私の口から直接経緯を説明しました。

リスケは、再生支援協議会（現・中小企業活性化協議会）主導で行われました。2015年の6月から約半年かけて、再生支援協議会から派遣されたコンサルタントと『固い事業計画』を作成し、2016年1月のバンクミーティングにてデューデリジェンス（企業の経営状況や財務状況などの調査）と再生計画が認められて、正式にリスケが承認されたのです」（小林成年社長）

小林社長は、次のような改善策を打ち出し、業績の回復に努めました。

・物流センターをアウトソーシングから自社運営に切り替える。
・無駄な経費を徹底して削減する。
・社長が自ら営業に出て、取引先に「ウェブを使った発注システムの導入（自社で開発したシステム）」を提案する（小林社長はリスケが認められるまで、営業に出たことがなかった。営業担当者に任せきりにせず、社長が営業活動を始めたことで、取引先の信頼を得ることができた）。
・広く浅くたくさんの種類を売るのではなく、「売れる商品をさらに売り伸ばす戦略」に切り替える。
・環境整備を徹底する（環境整備を徹底すると、社員の価値観が揃う）。

２０１６年１月から事業計画がスタートし、その年の９月（決算）で**６０００万円の黒字**、２０１７年は**１億３０００万円の黒字**、２０１８年は**１億７０００万円の黒字**となり、名古屋眼鏡はＶ字回復を実現した。

「リスケは2019年までの4年計画でしたが、1年早い2018年に解除できました。リスケ解除後は黒字を続け、2022年9月の決算では、売上33億円、経常利益は1億5000万円です。リスケが成功した理由は、小山社長の教えを受けて以降、**売掛金、手形、在庫をコントロールしてB/Sベースの経営を意識していたこと、そして、定期的な銀行訪問を続け、当社の現状を包み隠さずに伝えていた**ことが大きかったと思います」

(小林成年社長)

CHAPTER 3

1%の社長しか知らない「お金」の話

①

B／S（貸借対照表）ベースで経営を実践する

「売上が上がること」と「お金があること」は違う

赤字の会社の社長の多くは、「売上が上がれば、経営はラクになる」と考えています。ですが実際には、売上を上げるだけではラクにはなりません。「売上が上がること」と「お金があること」は違うからです。

売上が上がっても、

・粗利益額より固定費が多い
・在庫や売掛金が多い
・入金時期より出金時期が早い
・設備資金として多額のお金を使っている

・返済資金が必要になる

などの理由で出金額が入金額を上回れば、資金繰りは苦しくなります。

資金繰りを良くするためには、売上や利益を求めること以上に、自社の

「財産の状況（資金の状況）」

「お金の流れ」

をつかむことが前提です。

「売上が上がれば、経営はラクになる」と短絡的に考えるのは、経営をＰ／Ｌ（損益計算書）だけで判断しているからです。

Ｂ／Ｓ（貸借対照表）ベースで経営を実践すれば、「売上が上がっても、現預金がなければ倒産する」ことに気がつくはずです。

損益計算書と貸借対照表は、経営にとって重要な財務諸表です。

●**損益計算書**……1年間の業績をまとめて「いくら儲かったか」「いくら損をしたか」を知るための決算書。売上高、売上総利益、営業利益、経常利益、当期純利益の数字がわかる。いくら売上があって、いくら経費を使って、最終的にいくら利益（損失）が出たか

がまとめてある。P／Lとは、「Profit and Loss Statement（プロフィット　アンド　ロス　ステートメント）」の略。

●**貸借対照表（B／S　Balance Sheet の略）**……決算日現在の「会社の財政状態」をまとめた表。資本金や利益剰余金（純資産）がいくらあって、いくらお金を借りていて（負債）、どのように運用されているか（資産）を示している。右側の金額（純資産と負債を合わせた金額）と、左側の金額（資産）は同じ額となり（資産＝負債＋純資産）、バランスがとれているため、「Balance Sheet（バランスシート）」と呼ばれている。

●**資産**……現預金や設備など、企業が利益を生み出すために必要な源泉。現金、預金、有価証券、建物・土地、著作権など。

●**負債**……借入金や社債など、外部から借りているお金のこと。

●**純資産**……資本金、株主からの出資、事業を通じて得た利益の積み上げ総額など。

会社に現預金があるかどうかは、B／Sの「資産の部」の「流動資産」の科目のトップにある**「現金預金」**を見れば、一目瞭然です。「現金預金」の数字に厚みがあれば、会社は倒産しにくい。また、その他の資産も含めて「流動性が高い」ほど、柔軟な経営ができる。流動性とは、現金化のしやすさのことです。

●流動資産……現預金、売掛金、有価証券、未収入金など、短期間で現金化できる資産。

P／Lの中に会社を良くする情報はない

私はこれまで、約1000社の指導をしてきました。1000社の中で、B／Sの数字を見たことがある社長は、わずか3％程度。それ以外は経理部に丸投げがほとんどです。P／Lの数字だけを見て「売上があがっているから大丈夫」だと安心していると、ベリー時代の私のように、売れば売るほど苦しくなります。

P／Lは「過去の結果」です。P／Lを見れば、「社員が頑張った結果、どれだけの売上が上がったのか」がわかります。ですが、P／Lの数字を見ても、「会社に今、いくら現預金があるか」はわかりません。

資金繰りを良くするには、B／Sから

「今、会社には現預金がいくらあるのか」
「売掛金や在庫がどれだけあるのか」
「自社の流動性は高いのか、低いのか」
「お金がどのように動いているのか」

を読み取って対策を立てる必要があります。

社員にもP／L、B／Sを公開する

武蔵野では、幹部社員にもP／L、B／Sを公開しています（B／Sを読めないと次長になれない決まりです）。

社長の多くは「会社の業績が良かったとき」だけ、決算書を社員に公開します。業績が

損益計算書（P／L）とは

損益計算書（P/L）

売上

「市場活動の
モノサシ」
企業の命運を
左右する。
「お客様の数」が
大切

売上原価

「製品の製造やサービス提供に必要なお金」
原材料費、設備費、労務費、光熱費など

粗利益

「収益のモノサシ」
「売上」−「売上原価」

経費

経費、家賃、通信費、
消耗品費など

利益

「プラス＝利益が出た!」
「粗利益」−「経費」

ある「時期」での「損益状況」がわかる
➡「採算」を見る

貸借対照表(B／S)とは

貸借対照表(B/S)

資産

「会社が持っている財産」

現金／普通預金／有価証券／建物／機械／備品／車両／土地／売掛金／商品／貸付金など

負債

「会社の債務」

支払手形／買掛金／借入金／未払金／預り金など

純資産(資本)

「会社の元手となるもの」

資本金／利益準備金など

ある「時点」での「財産状況」がわかる
➡「資金の活用」を見る

悪いと公開しないのは、恥ずかしさが先に立つからです。ですが、業績が良くても悪くても、社長と社員が決算書の内容を共有すべきです。

社長と社員が力を合わせた結果（売上、利益など）を数値化したのが、P／Lです。そして、お金をどのように調達して、どのように使ったかを示しているのは、B／Sです。

この2つを公開することで、社員は、

「目標の売上に届いていないから、業務を改善する必要がある」

「売掛金が多くなっているので、回収を急ぐ必要がある」

「在庫をこれ以上増やさないように手を打つ必要がある」

「社員が仕事をするのはP／Lの世界で、会社が給料を支払うのはB／Sの世界である」

「P／Lは社員が関わっていて、B／Sは金融機関が関わっている」

といった、会社の現実を理解するようになります。

株式会社ジェイ・ポート（大阪府大阪市／樋下茂社長）は、産業廃棄物の収集運搬を行う会社です。樋下茂社長は、ご自身のブログの中で、「社長が自己開示することの必要性」について、次のように綴っています（本人の許可をいただき、ブログを一部改変して紹介します）。

「貸借対照表を社員に見せるのはとても抵抗があったのですが、来期の長期経営計画書を幹部社員で作成することにしたので開示しました。

先日、武蔵野の矢島茂人専務にご来社いただきその中のお言葉が印象に残っています。

『自己顕示ばかりして自己開示をしない社長が世の中にゴマンといる』

自分が会社を継ぐ際、父親の自己顕示がすごく（創業者はそうでないといけませんが……）、それが嫌で真逆の経営をしようと思って経営者になり、『みんなの会社にする』をスローガンに組織運営をしてきたことをあらためて思い出しました。

『みんなの会社にする』

少しはできていると思っていました。

ところが、幹部社員が今回の勉強会で自社の貸借対照表を知って、私にこう言ったのです。

『社長はみんなの会社にすると言っていましたが、全然みんなの会社ではないですね』

資金繰りなど、ひとりで抱えていたことに気づかされました。

これからはもっともっと自己開示をして、いい面はもちろん悪い面も社員に見せていこうと思いました。

日々反省です」

②

自己資本比率だけを見て、財務状況を判断してはいけない

流動比率を高くすると、経営が安定する

一般的に、「自己資本比率が大きい会社ほど、安全である」「自己資本比率が小さいほど、他人資本の影響を受けやすい」と言われていますが、私の考えは違います。

「自己資本比率は低くてもいいので、流動比率を高くしたほうが安全」だと考えています。

●**自己資本**……会社のお金のうち返済する必要のないお金のこと。貸借対照表では「純資産の部」にあたる。自己資本と対比する言葉が「他人資本」。他人資本とは金融機関などから借りたお金で、負債として貸借対照表に記載される。

●**自己資本比率**……返済不要の自己資本が、全体の資本調達の何%あるかを示す数値。

・計算式／自己資本比率＝自己資本÷（他人資本＋自己資本）×１００

業態や規模によっても目安は異なりますが、30％から50％程度の自己資本比率があれば平均的。50％を超えると優良企業。自己資本比率が20％を切ってしまうと、健全な経営が難しくなると考えられています。

自己資本が５００万円で総資本が１２５０万円だとすると、（５００万円÷１２５０万円）×１００＝40

この場合の自己資本比率は、40％です。

●流動比率……流動資産（貸借対照表の左側に表示される資産の中で、1年以内に現金化できるもの（現金預金、売掛金、棚卸資産、貸倒引当金、受取手形など）と流動負債（買掛金、支払手形、短期借入金、未払金、前受金、前受収益など、1年以内に返済すべき負債）の割合を示す比率。

・計算式／流動比率（％）＝（流動資産÷流動負債）×１００

流動比率は、1年以内という短期間での支払い能力を判断する指標です。この数字が大きいほど、「短期的な資金繰りに余裕がある」ことになります。流動比率が「120％」を超えていると、短期的な経営状態は安全。100を切ると短期的な支払い能力に不安があるとみなされます（すべての業種に当てはまるのではなく、卸売業や小売業は流動比率が低くなるのが一般的）。

流動資産が1000万円で流動負債が800万円の場合、
（1000万円÷800万円）×100＝125
この場合の流動比率は125％です。

流動資産は1年以内に現金化できる資産を指しますが、場合によってはすぐに現金化できない可能性があります。

定期預金は、借入れの担保に差し出されていれば取り崩しができません。

売掛金は、売掛先が倒産してしまえば回収できず、現金化が難しくなります。

棚卸資産は、販売ができなければ現金化はできません。

ほかにも有価証券の市価が下がってしまい、売りたくても売れないケースが考えられます。流動比率の数字だけを見るのではなく、

「すぐに現金化できるのか」

を把握する必要があります。

流動比率を改善するには、

「すぐに売れる商品を販売して利益を上げる」
「売上債権の回収期間を短くする」
「不要な土地、不動産があれば売却し現金化を進める」
「不要な株式を売却し現金化を進める」
「取引先と交渉して、買掛金の支払い期限を長くしてもらう」
「短期借入金から長期借入金に借り換える」

などの対策が必要です。

武蔵野が、自己資本比率を高くしない理由

武蔵野は、自己資本比率が低い会社です。一方で、流動比率は高い。なぜかといえば、借入れをたくさんして現預金を持っているからです。

借入金を返済すれば、自己資本比率は高くなります。しかし、現預金が減るので体質が弱くなります。自己資本比率が高くても「現預金が少なく、現金化しにくい資産（売掛金や在庫など）が多い」と危険です。現金が必要になったときに対応できず、倒産するリスクが高くなります。

自己資本の割合を増やすために、他人資本を減らす経営者は少なくありません。ですが、経営に必要な借入れをしなければ、ビジネスの機会を逃してしまいます。**経営の安定化を図るためにも、規模の拡大を実現するためにも、借入れを避けないことが重要です。**

かつて私が指導をした会社に、自己資本比率が「90％以上」ある会社がありました。ですが、資産の多くは在庫（棚卸資産）でした。

なぜ武蔵野は自己資本比率が低いのか

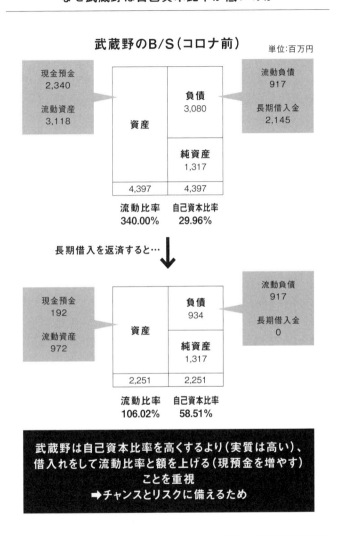

武蔵野のB/S（コロナ前）

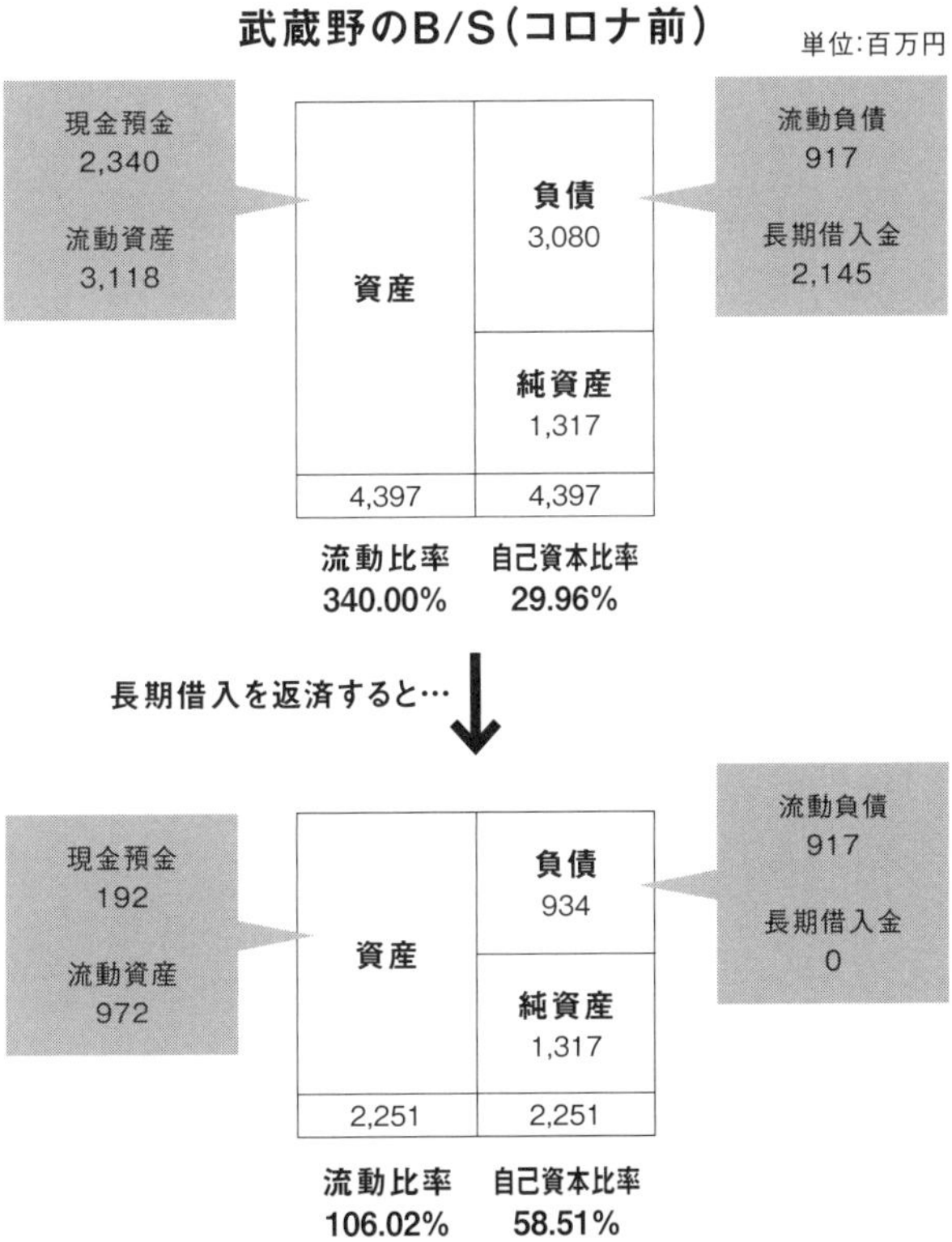

武蔵野は自己資本比率を高くするより（実質は高い）、借入れをして流動比率と額を上げる（現預金を増やす）ことを重視
➡チャンスとリスクに備えるため

棚卸資産は販売できなければ現金化できず、資金繰りを悪化させます。

自己資本比率だけを見て、自社の財務状況を判断しない。経営で大事なのは、数字を「率」でなく「額」で見ることです。

自己資本比率が高くても、現預金（＝額）がなければ、資金繰りが厳しくなる。一方、自己資本比率が低くても現預金を持っていれば、**会社が潰れることはありません。**

③

B／Sの勘定科目を意図的に変える

資産の部は上へ、負債の部は下へ

80ページで前述したように、金融機関は「財務体質がスリムな会社」を評価します。では、どうすれば自社の財務体質をスリムにできるのでしょうか。その答えは、「バランスシート（B／S　貸借対照表）の勘定科目を意図的に変える」ことです。具体的には、

「現金化しやすい資産を多く持つようにする」
「資金調達しにくいところからお金を集める」

ことです。

B／Sの右側には「負債および純資産の部」、左側には「資産の部」が記されています。

●負債の部……支払手形、買掛金、経費未払金、借入金などを示す。科目は、資金調達が容易で、短期間で返す必要のある順番に並んでいる。流動負債と固定負債の2つに分かれており、買掛金などは入金があり次第なくなる負債なので流動負債、長期で借りている借入金は固定負債に分けられる。

●純資産の部……株主からの出資である株主資本や、利益剰余金などを示しており、会社が得た利益を示す。

負債の部と純資産の部の2つを見れば、事業用として使う資金をどのような方法で調達したのかがわかります。

●資産の部……集めたお金や利益をどんな資産に運用したかがわかる。科目は、現金化しやすい順に並んでいる。現金預金、固定預金、受取手形、売掛金、棚卸資産など、現金でいくら持つか、預金はいくらにするか、土地を所有するのか借りるのかなどは、社長の考え方で決まる。

財務体質をスリム化し格付けを上げるには、

「資産の部は、より上位の勘定科目に数字を移す（現金化しやすい上位科目を増やす）」
「負債の部は、より下位の勘定科目に数字を移す（資金調達しにくいところからお金を借りて、下位科目を増やす）」

のが基本です。

資産は、固定資産（土地や建物など）よりも流動資産（受取手形、普通預金、現金など）が多いほうが、銀行から信用されます。なぜなら、現金化しやすい科目が多いほど、貸したお金を回収しやすいからです。

「固定資産を増やすよりも流動資産を増やす」
「棚卸資産を増やすなら販売して売上を増やす」
「売掛金よりも現金で回収する」

といった方法で、より上位の勘定科目を増やします。

長期借入金が3400万円、短期借入金が3億5000万円のA社の財務分析をすると流動比率は「64％」でした。A社は短期的な資金繰りに余裕のないことがわかります。

しかし、長期借入金と短期借入金の数字を入れ替えると、流動比率は157・3％まで上がります。調達額や資産の額が同じでも、「勘定科目の取り方」を変えると、金融機関の財務評価（格付け）も変わります。

負債は、資金を調達しにくい下位科目の数字が大きいほうが、格付けは上がります。支払手形や買掛金よりも長期借入金が多いと、信用力が高いとみなされます。

「支払手形を増やすよりも買掛金を増やす」

「短期借入金を増やすよりも長期借入金を増やす」

などして、下位科目を増やします。

「資産の部」ではより上位へ、「負債の部」ではより下位へ重点を移していくと、財務基盤の強い会社をつくることができます（ただし、格付け8以下の会社のB／Sを治すには5年はかかるので、長期計画を立てて着実に変えていく必要がある）。

④

バランスシートの数字を変える具体的な方法

勘定科目の取り方を変えると格付けが良くなる

バランスシートの数字を変えるための具体的な方法をいくつか紹介します。

【バランスシートの数字を変える方法】

①売掛金を減らし、前受金を増やす（流動資産）

②受取手形は受け取らない（流動資産）

③在庫はただちに処分する（流動資産）

④自社ビルは持たず、賃貸物件を借りる（固定資産）

⑤機械を最新のものに換える（固定資産）
⑥短期借入金を長期借入金に借り換える（流動負債／固定負債）
⑦支払手形を発行しない（流動負債）
⑧所有している株式を売却する（固定資産）

①売掛金を減らし、前受金を増やす

売掛金は、商品やサービスの対価として将来的にお金を受け取る権利のことです。お金が支払われた時点で権利は消えます。

入金を後回しにして、商品やサービスを先に提供（納品）する状態が売掛金です。勘定科目の「未収入金」との違いは、

・売掛金：営業活動（本業）で発生
・未収入金：営業活動以外で発生（有価証券や固定資産の売却など）

です。

現金取引では、売買成立後すぐにお金を受け取れますが、売掛金の場合は、「月末締め・

翌月末払い（30日サイト）」「月末締め・翌々月末払い（60日サイト）」など、一定期間の売上をあとからまとめて受け取ります。

売掛金が増えると、

・未回収や支払遅延のおそれがある

・与信管理業務の負担が増える（取引先に支払能力があるのかを見極める作業に手間がかかる）

といったリスクを抱えます。したがって、キャッシュフローを改善するには、

「売掛金を減らす」

「掛取引を行う際は、回収サイトの短縮交渉をする」

ことが大切です。

売掛金回転期間よりも買掛金回転期間が短いと、入金よりも支払いの時期が早く訪れるため、売上が順調でも資金繰りが厳しくなります。

かつてわが社の経営サポート事業部は、売掛金で売上を立てていました。

ですが、セミナーに申し込んでいただいた時点で売上を立てると、実際にはお金が入っ

ていないのに「利益」となって、税金を払わなければなりません。

そこで現在では、**「前受金」**として、先にお金をいただくようにしています。経営サポート事業部の入金は「先払い」が基本です。

前受金は負債ですが、基本的に返済しなくてよいお金で、指導先の中小企業の多くは、前受金を多くして手持ち現金を増やしている。

●**前受金**……商品やサービスを引き渡す前に、その商品代金の一部または全額を受け取ること。決算書の負債の部に表記される勘定科目のひとつ。予約販売の代金、学校や塾の授業料、旅行の申込料金などは前受金。

売掛金が1年間回収できなかったら、**貸倒損失として経費にする**のが得策です。貸倒損失を計上することにより、利益を圧縮し、節税を実現できます。

●**貸倒損失**……売掛金、受取手形、貸付金、未収入金、立替金の回収ができなくなった場合に行う損失処理のこと。貸倒とは、「本来受け取るべき売掛金や貸付金などの金銭債権が回収不能になった状態」を指す。貸倒損失の勘定科目は、取引先との間で生じたものについては「販売費および一般管理費」で、通常の取引以外で生じたものについては「営業外費用」「特別損失」となる。

②受取手形は受け取らない

受取手形は、振出日から数ヵ月後に入金されることが多く、その間は入金がありません。受け取った手形が不渡りになれば、現金を回収できなくなります。さらに手形期日が長くなるほど現金回収不能の金額が大きくなります。

「手形割引」といって、支払期日が来る前に金融機関（または手形割引業者）で換金することもできますが、「不渡りになったら買い戻しが発生する恐れがある」「手数料が発生するため、本来の手形額面を受け取ることができない」といったデメリットがあります。受取手形を発行するのは、金偏、木偏、糸偏などがつく古い業界に多い。

A社の社長が、B社から受け取った手形を金融機関に持っていき、手形割引をお願いしたとします。

手形の振出人（B社）が倒産をすると、金融機関は手形金を回収できません。このとき手形割引を依頼したA社は、金融機関から手形を買い戻さなければなりません、A社に受取手形を買い戻す力がないと、共倒れになる危険があります。

受取手形を受け取ったとき、もっとも安全なのは、「そのまま持っておく」ことです。そして期日になったら金融機関に取り立てを依頼します（通常は金融機関に受取手形の取り立てを依頼して現金化する）。

あるいは、受取手形を持っていれば、回し手形にもできます。

●**回し手形**……受け取った手形を、自分の仕入先などへの支払にあてるために裏書譲渡する。裏書譲渡とは、手形に記載された額面金額を受け取る権利を他者に譲ること。

③在庫はただちに処分する

B／Sでは、在庫は「資産の部」に入ります。ですが、倉庫で何年もホコリをかぶっている在庫（不良在庫）を資産と考えてはいけない。売れない在庫は資産ではなく、会社を死に至らしめる「死産」です。

回し手形の仕組み

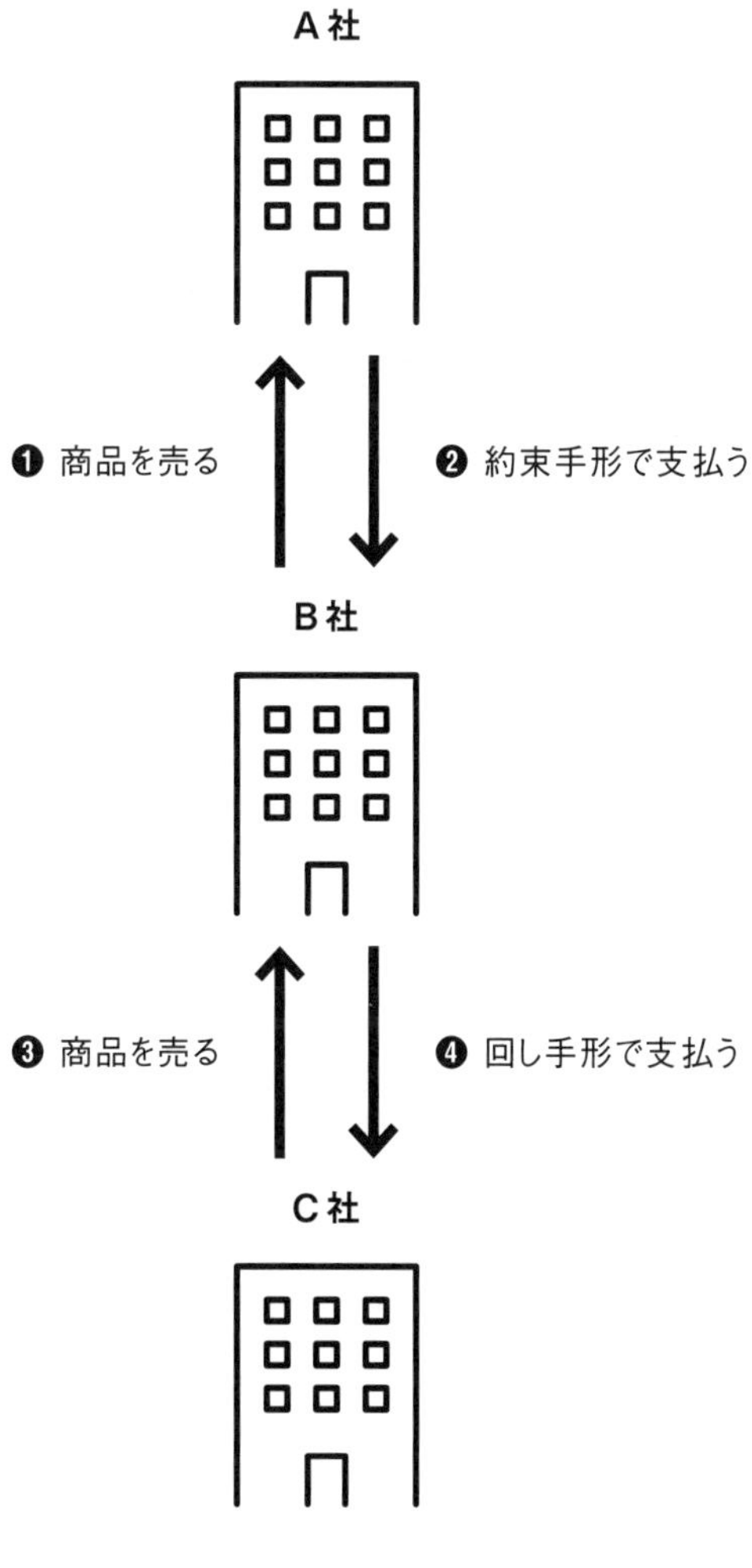
A社
❶ 商品を売る
❷ 約束手形で支払う
B社
❸ 商品を売る
❹ 回し手形で支払う
C社

1年以内に販売する予定のものを、棚卸資産と呼びます。「棚卸資産が多い＝在庫が過多」です。

在庫過多の状態が続くと、

「保管料の増加や製品の劣化などが起こりやすくなる」
「利益を生まない不良在庫であっても資産として計上する」

といった悪影響を及ぼします。

多くの社長が、

「そのうち、売れるかもしれない」
「在庫が切れたら困る」
「商品在庫がたくさんあれば売れる」

と考え、在庫をたくさん持ちます。

ですが、**「売れる商品は在庫にならない」**ことを多くの社長は気づいていません。在庫として倉庫に置かれるものの多くは、「売れ残った商品」です。売れなかったから在庫になったのです。自社倉庫に置かず、他に倉庫を借りて保管するなどもってのほかです。倉庫に在庫がいくらあっても、売上は1円も上がらない。大切なのは在庫を持つことではなく、「売る」ことです。

在庫は厳しく管理して、在庫の金額を増やさない。わが社は在庫過多にならないように、当用買いが基本です。

●当用買い……余分な在庫を持たず、必要に応じて物品などを発注して購入すること。

1年経過して売れない商品は、「値引きして売る」か「目をつぶって捨てる」のが、正しい判断です。1年間売れなかった商品が、その後売れるようになるとは思えません。

不良在庫を抱えていない企業は、「仕入れた商品がすぐに売れている」と判断され、金融機関からの評価が高くなります。

【不良在庫の処分のしかた】

・値引きして売る

値下げをすれば売れる可能性がある場合、在庫処分や決算セールなどで売り切ってしまいます。

・廃棄する

在庫の廃棄は「除却損」という損金に計上できます。資産を減らすと同時に売上原価を増やし、会社全体の利益を減少させて節税につなげることが可能です。

・備忘価額をつける

1年以上動かない不良在庫は、所轄税務署に相談をすれば、備忘価額をつけることもできます。備忘価額とは、耐用年数経過や市場価値喪失などで実質的な価値を失った資産を税務上忘れないようにするために、1円、10円などの額面で記載したものです。備忘価額をつけると、資産が圧縮されてキャッシュフローが良くなり、負債が減少します。

●除却損……固定資産を廃棄処分した際に発生した損失を計上するときの勘定科目。

④自社ビルは持たず、賃貸物件を借りる

武蔵野は、できるだけ固定資産を持たないようにしています。固定資産の一部を資金化して現預金を増加させる方針です。

会社が拠点（本社や支店）を構えるにあたっては、土地・建物を自らが所有する「自社ビル」と、ビルオーナーから賃借する「賃貸ビル」という2つの選択肢があります。

中小企業の中には、「賃貸契約を結んでいるかぎり、会社の資産にはならない。だから、土地を購入して、自社ビルを建てたい」「自社ビルを持てば、それまで賃料として支払っていたキャッシュで自社の資産を増やせる」と考える社長がいます。しかし、「自社ビルは賃貸よりも有利」だと考えるのは、B／Sを理解していないからです。

【賃貸にしたほうがいい理由】

・賃料は「経費」として計上できるので、税金が安くなる。
・本社ビルを建てると、「経費」ではなく「資産」になる。資産の返済は、「利益」で行うため、賃貸に比べ現金が残らない。
・本社ビルを建てると固定資産税がかかる。
・土地は、非減価償却資産（経年しても価値が下がらない資産）のため、償却できない。

・建物は、減価償却費と経費に変わるのに時間がかかる。
・B／Sの資産の部に自社ビルの土地・建物が計上されると、購入のための借入金が増えるか、現預金が減る。

●**減価償却**……時間が経つにつれて資産価値が減っていくという考え方。固定資産の購入にかかった費用を購入した年に一度に経費とするのではなく、耐用年数（使用可能な期間）に分割して計上する。

利益5000万円のA社が、本社を「年間賃料1000万円」で借りていたとします。

一方、同じく利益5000万円のB社は、「年間返済額1000万円」で自社ビルを建てています。

両社は、利益も本社ビルに対する支払額も同じですが、本社を賃貸するA社のほうが多くの現金を残すことが可能です（次ページの試算を参照）。

自社ビルを持つB社が、A社と同様に1000万円の現金を残そうとすると、単純計算で8000万円の経常利益が必要です。

自社ビルより賃貸がいい理由

A社（賃貸）
年間賃料:1,000万円

B社（自社ビル）
年間返済額:1,000万円

ともに利益が5,000万円
※税金50%、予定納税25%で計算

A社

経常利益4,000万円
（5,000万円－賃料1,000万円
賃料は経費として計算できる）

↓

税金（50%）2,000万円
予定納税（25%）1,000万円

↓

残

1,000万円

4,000万円－（2,000万円＋
1,000万円）

B社

経常利益5,000万円

↓

経常利益5,000万円

↓

税金（50%）2,500万円
予定納税（25%）1,250万円

↓

残1,250万円
（5,000万円－（2,500万円＋
1,250万円））

－1,000万円
（年間返済額）

＝ 250万円

賃貸の方が税金も安くなる

税金が安くなるのもA社です。

すでに土地や自社ビルを持っているのであれば、「社長が個人会社をつくって、その会社に売却。社長の個人会社に賃料を払って借りる」のが最善策です。すると、次のようなメリットが期待できます。

【社長の個人会社に売却するメリット】
・資産だった土地が経費になる（賃料は経費として落とせるので、利益を圧縮できる）
・社長の個人会社に売った売却益で借入金を返済できる。
・固定資産と借入金が減って格付けが良くなるので、資金調達がしやすくなる。
・社長の個人資産が増える。賃料を常識の範囲内で高めに設定すれば、個人会社の財務体質も強くなる。

できるだけ資産を持たずに総資産を圧縮する。そして現預金を増やす。これが健全な経営スタイルです。

自社ビルを社長の個人会社から賃貸する

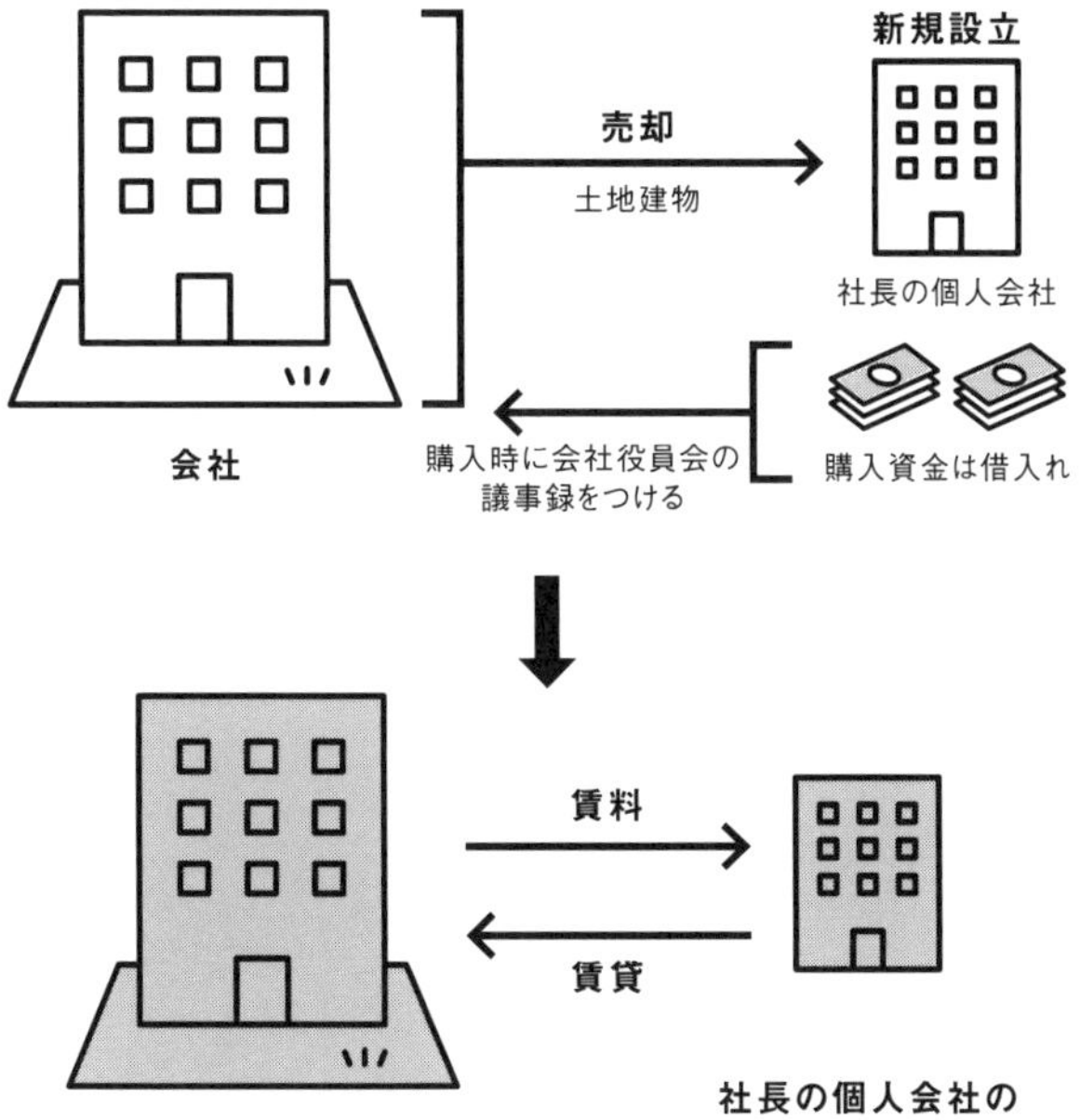

会社のメリット

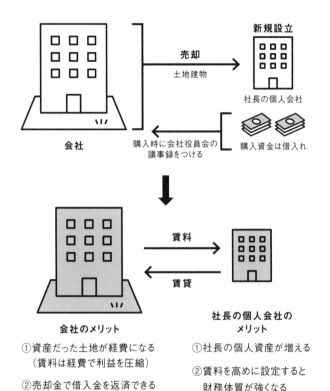

①資産だった土地が経費になる
（賃料は経費で利益を圧縮）

②売却金で借入金を返済できる

③格付けがよくなり、
資金調達がしやすくなる

社長の個人会社のメリット

①社長の個人資産が増える

②賃料を高めに設定すると
財務体質が強くなる

**総資産を圧縮して現預金を増やし、
強い会社をつくる**

⑤機械を最新のものに換える

製造業において、機械設備は不可欠な資産です。機械設備は、常に最新のものに買い換えます。「まだ使えるから買い換えるのはもったいない」と買い換えないほうが、よほどもったいない。**「個人ではものを大切にする。ただし経営ではものを新品に買い換える」**のが正しい。

機械設備を新しくしたほうがいい理由は、おもに4つです。

（1）最新機種は性能がアップしているため、生産性が上がる（省エネ性能が高い設備機械なら経費節約にもつながる）。
（2）生産性が上がれば粗利益額も増えるので、社員の賞与や給与を上げることができる。
（3）生産性が上がれば、人件費を削減できる。
（4）古い設備機械は「除却損」として損金に算入できる（経費として落とせるので節税になる）。

ただし、「赤字の翌年」と「目標以上に利益の出た翌年」には設備投資は控えます。法人税と予定納税に多額の資金が必要になるからです。

⑥短期借入金を長期借入金に借り換える

「金利が高くても、返済期間は長く」が借入れの基本方針です。「金利は安く、返済期間は短く」すると、資金繰りが苦しくなります。

一般的に、会社員が住宅ローンを長期で借入れることができるのは、収入が安定しているからです。ところが、企業は安定性がありません。社会変動に影響されやすい。だから金融機関は、新規取引は短期で貸し付けます。

金融機関との最初の取引は、基本的に短期です。金融機関は慎重ですから、はじめは短期で取引をして、

「この会社に返済能力があるか」

「この会社と末永くつき合っていけるか」

「この会社が信用できるか」

を見極めます。武蔵野も時間をかけて信用を得て、「短期から長期」へ切り替えました。

【小山昇の戦略】

・A銀行から短期でお金を借りる（例：1億円）。

↓

・1億円のうち、使っていいのは2000万円だけ。残りの8000万円は、A銀行からB銀行に移す。
1億円を「A銀行に使わずに置いておく」と、金融機関が金融庁から「使用目的のないお金を貸した」「無理やり貸した」と指導を受ける可能性がある。そうならないように、いったん資金移動する。

↓

・数日後に、B銀行に預けた8000万円をA銀行に戻す。A銀行に戻した8000万円には一切手をつけない。

↓

・A銀行側は「武蔵野に8000万円の普通預金がある」ことがわかっているので、「武蔵野に8000万円の返済能力がある」とみなす。

↓

・1年後、短期借入した1億円を返済する。
↓
・返済の実績ができる。
↓
・A銀行の融資担当者から「また借りてください」と、融資の相談がくる。
↓
・「短期では借りません」と申し出て、長期で借りる。

⑦支払手形を発行しない

支払手形を発行していると、売上が少し下がっただけで資金繰りに影響を及ぼします。「黒字倒産」の原因のひとつは、支払手形の発行をしていることです。会社は赤字でもお金が回っていれば倒産しませんが、黒字でも支払手形を落とせなければ倒産します。

支払手形を発行していると、社長は資金繰りに忙殺され、事業に専念できません。社長の関心がお客様やマーケットではなく、資金繰りだけに向くと会社の業績は良くなりません。金融機関から長期借入金を借りて、手形を減らすなどの対策が必要です。

阪神佐藤興産株式会社（兵庫県尼崎市／佐藤祐一郎社長）は、ビル・マンション・ホテル・大規模店舗・工場・物流センターの大規模改修や、一戸建て住宅の塗り替え工事などを行う外壁塗装・屋根塗装の専門会社です。

建設業界は、入金にも支払いにも依然として手形が流通していますが、阪神佐藤興産は、約10年前に支払手形をなくし、振込に変えています。

佐藤祐一郎社長は、支払手形をなくしたメリットについて、

・不渡りによる倒産を回避できた

・支払いを早くできるため、外注先から「支払いぶりの良い会社」として評価されるようになった（支払い条件が良いため、優秀な協力会社が集まりやすくなった）

と話しています。

⑧所有している株式を売却する

売却して現金化すれば、固定資産から流動資産に変わり、資産の部の上位に移動できます。なお株式は「3割上がったら売る、1割下がったら売る」が原則ですが、株の値動きに一喜一憂して経営がおろそかになるようなら、さっさと売ってしまったほうがいい。

⑤ 内部留保を増やすことより、未来への投資が大事

利益を意図的にコントロールして増益を続ける

中小企業にとって大切なのは、「内部留保を増やすこと」ではなく、未来のために投資を続けることです。

武蔵野は、利益が出たら、次の順で未来に投資しています。

・1番目……お客様の数を増やすこと

売上を増やすには、「お客様の数を増やす」必要があります。したがって、新規事業や新規開拓、販売促進にお金を使います。

お客様の増やし方は、事業内容や自社の強みによって異なります。

「設備が強くて優位な地位にいるのか」

「営業が強くて優位な地位にいるのか」

「企画が強くて優位な地位にいるのか」

など、自社の強みを明確にしておくことが大切です。

・2番目……社員教育

ライバルと差をつけるのは、商品や価格ではなく、「人による差別化」が必要です。

よほど特殊なマーケットにいないかぎり、どの会社も、似たり寄ったりの商品やサービスを扱っています。商品で他社と差をつけるのが難しいのであれば、社員教育を繰り返して「人」で差別化をするしかありません。

社員教育は、本来は無形固定資産ですが、測るモノサシがないため、全額「経費」になります。**利益が出ている会社が社員教育をすると節税にもなります。**

中小企業は、「お金と時間と手間をかけて社員を教育する」以外に、黒字を出し続ける道はありません。私が指導してきた会社の中で、「社員教育にお金をかけすぎて倒産した会社」は、1社もありません。

・3番目……インフラの整備

武蔵野は、1994年から本格的なデジタル化に着手。「専用線」という考え方を捨て、「インターネット」を中心としたシステムづくりを進めてきました。2019年からは、データドリブン経営へ舵を切っています。

デジタル化・IT化は、竹槍で戦ってきた会社が空中戦で戦えるようになるくらい、大きなインパクトがあります。

わが社は、タブレット端末（iPad）を、全従業員（社員はもちろん、パート・アルバイトも全員）に支給したことで、「フィールド（外）でできること」「リアルタイムでできること」「遠隔で（オンラインで）できること」が増え、インプット＝デジタル、作業＝アナログ、アウトプット＝デジタルになり、戦い方が竹槍から空中戦に変わりました。

経理のデジタル化には、20年以上前から取り組んでいます。「売掛金の自動消し込み」をシステム化したのは、私の知るかぎり、中小企業で一番早かった。

お客様から注文をいただいたとき、その時点で売上は計上されますが、未入金のときは

「売掛金」として管理されます。そして、入金が行われると、売掛金としてのデータを消します。この作業が「売掛金の消し込み処理」です。

バックヤードのデジタル化には、大きなコストがかかります。しかし、新しいインフラに投資しない会社は、競争力を失います。

デジタル化によって生まれた時間を「働き方改革」などにあてれば、投資額を上回る業績を上げることが可能です。

・4番目……経常利益

普通の会社は、利益が出たら経常利益を最優先しますが、武蔵野は「4番目」です。なぜなら、「お金を使わないで残す」ことに意味はないからです。儲かったお金を「どう使うか」に意味があります。

「お金を貯める」ことよりも大事なことは、「潰れない体質」をつくること。必要最低限の利益を確保したら、あとは未来に投資すべきです。

武蔵野が増収増益を続けることができるのは、「利益を出しすぎない」ようにコントロールしているからです。

「利益はいくらにする」と決めて、それ以上利益が出ることがわかったら、「翌年の利益を出す」ために先行投資しています。

また、未来への投資は、金融機関への借入金対策の一環でもあります。

前期の利益が２０００万円、当期の利益が１億円だとします。このとき多くの社長は１億円の利益を計上します。ですが私は違います。２５００万円だけ利益を残し、残りの７５００万円を未来に投資します。

仮に、翌期の利益が３０００万円だったとき、未来に投資をしていない会社の利益は、

「２０００万円↓１億円↓３０００万円」

と推移します。前期も当期も翌期も黒字ではあるものの、翌期は当期より７０００万円利益が落ちているため、金融機関からは「減益」とみなされ、融資にブレーキがかかることがあります。

ですが、当期の利益の中から７５００万円を未来に投資すれば、利益は、

「２０００万円↓２５００万円↓３０００万円」

と推移するため「増益」が続きます。

・5番目……従業員満足

伸びている会社は、例外なく従業員満足度が高い。従業員が満足していない会社で、お客様満足のための努力などできるはずがありません。従業員満足とお客様満足は、「自転車の両輪」のようなものです。

会社の利益が増えたら、社員の給与（基本給だけではなく、会社から支払われるすべてのお金）を増やすことができます。

「人件費を減らして、会社の利益を増やす」ことを目的にはしない。利益を会社に貯め込むのではなく、社員にきちんと還元する。結果を出した社員には、それにふさわしい報酬を出すのが正しい。

武蔵野では現在、「無駄取り」（経費削減）に力を入れています。データ共有型のＢＩツール（Google ルッカースタジオ。後述）を使って、各担当者ベース（あるいは部門ベース）で「いくら経費を削減しているか」を管理しています。

無駄取りによって生まれた利益は社員に還元。削減した金額に応じて、最大10万円を社員に支払っています（無駄取りするには経費の概念が必要で、社員が損益計算書に関心を持つようになりました）。

⑥ 現預金を毎日チェックし透明性を高める

社長は毎日、「お金がいくらあるか」を確認する

武蔵野は、毎日、お金の出入りの仕訳を行っています。

会計ソフト上の科目としての預金残高と、実際にネットバンキングで確認した入出金明細上のお金の残高を合わせています（売上伝票と入金額を毎日合わせる）。

仕訳が終わると、私のもとに「本日の現金・普通預金の残高はいくらです。前月の同じ日はいくらでした」というメールが届きます（役員と統括本部長にも報告）。

「お金がいくらあるか」を毎日、社長が把握していれば、会社の異常にすぐに気づくことができます。現預金の残高が増えているなら問題ありませんが、少なくなっている場合は、「回収が遅れている」のか、「売上が下がっている」のか、あるいは「経理が不正している」

のか、その原因を突き止めることができます。

メールには、「Google ルッカースタジオ」のリンクが貼られてあり、リンクをクリックすると、「B／Sデータ　お金の見える化」のデータベースを閲覧できます。「お金の見える化」には、現預金の総額だけでなく、

「どの金融機関に、いくら普通預金があるか」

「どの金融機関から、いくら長期借入金があるか」

といった内訳も一覧表示されています（P／Lデータは、社員にも公開）。

●Google ルッカースタジオ

Google が提供する無料のBIツール。Google ルッカースタジオを使うと、プログラミングを行うことなく、さまざまなデータがグラフや表に自動的に変換される。データの自動更新や共有も可能。

わが社は、商品の棚卸しのほかに、お金の棚卸しを年2回、社長の小山が行っています。

ルッカースタジオ「お金の見える化」で
現預金がいくらあるかリアルタイムでわかる

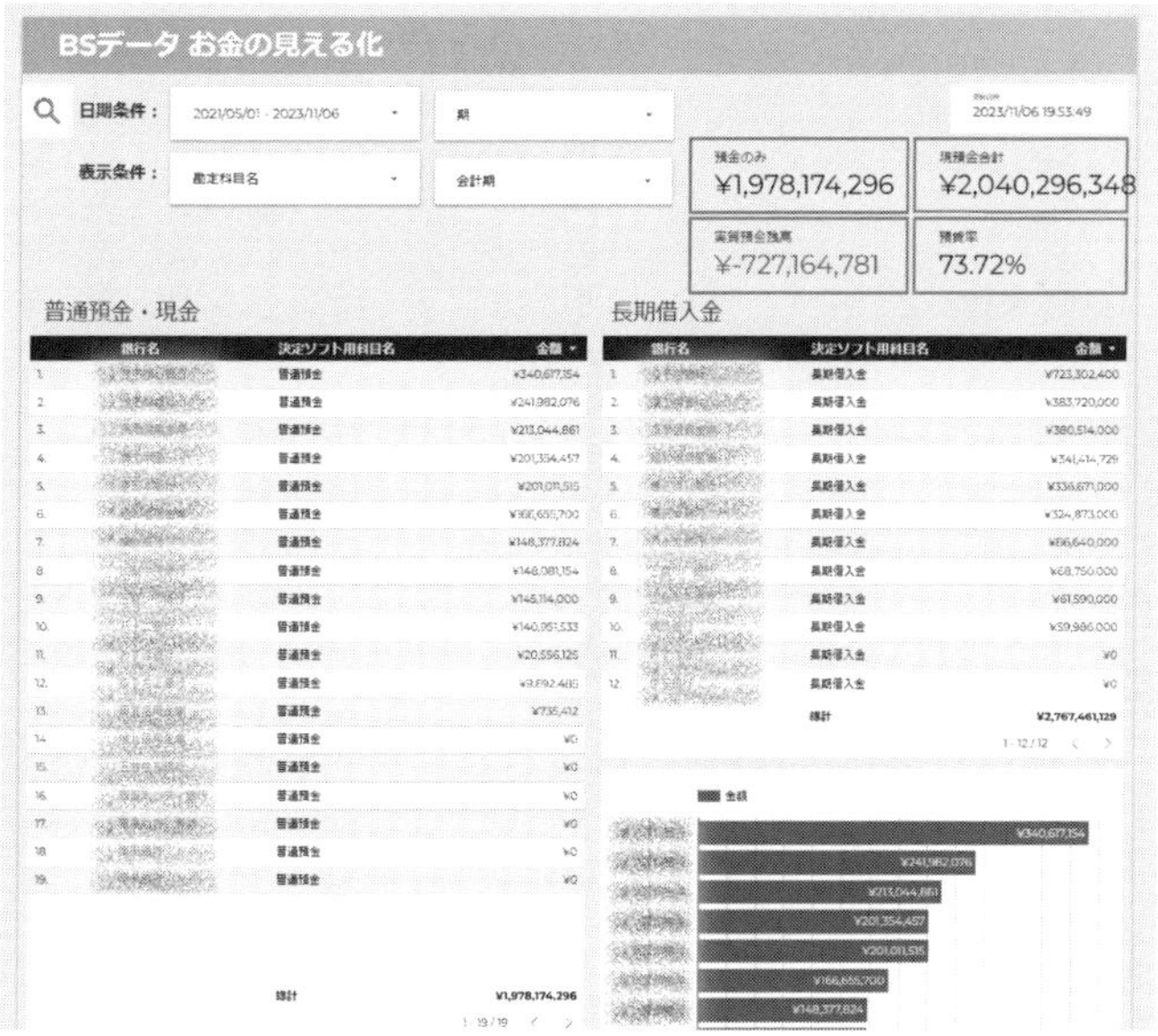

お金の棚卸しは、不正を防ぐ仕組みです。

金融機関は融資にあたって、過去の業績や現在の経営状態、事業計画などを精査するのはもちろんのこと、経理の透明性を重要視しています。業績が良くても、お金の流れが不透明だと「これは裏があるな」と判断し、融資を中止します。

しかし、会社の透明度を高めておけば、金融機関は「この会社はお金の使い方が明確だし、不正もない。だから貸しても大丈夫だ」と考えます。

経理担当者が不正をするのは、社長がお金の棚卸しをやらないからです。サポート会員であるA社の経理責任者は、**2億円の不正**を行った。経理責任者は犯罪者だが、犯罪をさせた社長も犯罪者です。

【お金の棚卸し】

・毎年2月、8月

……金融機関から残高証明書（残高表）を取って、「A銀行にいくらあるのか、B銀行にいくらあるのか、C銀行にいくらあるのか、普通預金はいくらあるのか」を確認する。

・毎年3月、9月

……資金移動をする。お金をA銀行からB銀行に5000万円移したとき「A銀行の残高が5000万円減った」なら、実際にお金があったことがわかる。

月次決算は正確さよりもスピードが大事

中小企業は、「今期と前期の数字を比較するのは、年次決算のときだけ」の会社が少なくありません。ですが、それでは時代の変化についていくことは難しい。

会社の問題点を早期発見するには、毎月の定期チェック（＝月次決算）が必要です。

武蔵野の月次決算は、正確さよりスピード重視です。

●**月次決算**……経営成績や財政状態を把握するために毎月実施する決算のこと。社長や幹部が異常を察知するためのもの。損益状況と財務状態を把握して、経営判断の指標とするために作成される。月次で数字の管理をしている会社のほうが、「透明性が高い」と判断されるため、金融機関からの融資も受けやすくなる。

中小企業の多くは、月次の数字をまとめるまでに、２週間～20日程度かかると思います。ですが**武蔵野はデジタル化されているため、「締め日の翌日」（毎月１日の午後）には前月の数字が出る**仕組みです。

月次決算書の作成に何週間もかかるようでは、経営の意思決定に役立てることができません。したがって月次決算は、できるだけ早く数字を把握することがポイントです。１円単位まで正確である必要はありません。大まかな数字でもいいので、最新の数字をすぐに出すことが大切です。

わが社は、月次決算の数字を部門長会議で共有します。部門長会議は、各部門の月次実績数値を「経営計画資料」に課長職以上が手書きで記入する会議です。

経理より全社数字の報告があり、その後、各部門・チーム責任者が数字報告をします。他の会議がおもに定性情報を報告する場だとすれば、「部門長会議」は、「定量情報」を報告する場です。報告者は、自分で数字を調べて発表するため、自部門の現実を認識できます。

年計グラフを作成し、数字の推移を視覚化する

毎月の売上、粗利益、営業利益は、**「年計グラフ」**に落とし込んで可視化しています。「年計」とは、「1年間の数字のトータル」であり、その月から直近の1年間の数字をまとめたものです。

年計は、表よりもグラフにすると、変化が見えるようになります。グラフの凹凸箇所が異常値です。

●**年計**……移動累計ともいう。1年間の売上高を1ヵ月ずつ移動して累計する。長期的な傾向をとらえると同時に、短期的見通しを立てるのになくてはならない。売価が変動する会社（相場によって売上が変わる会社）は、「売上」と「数量」の年計をつくらないと判断を誤る（参照：『改訂3版 仕事ができる人の心得』CCCメディアハウス）。

グラフが下降傾向を示したときや、利益目標と実績に大きな差が出たときは、その理由

年計グラフをつくり「変化」を視覚化する

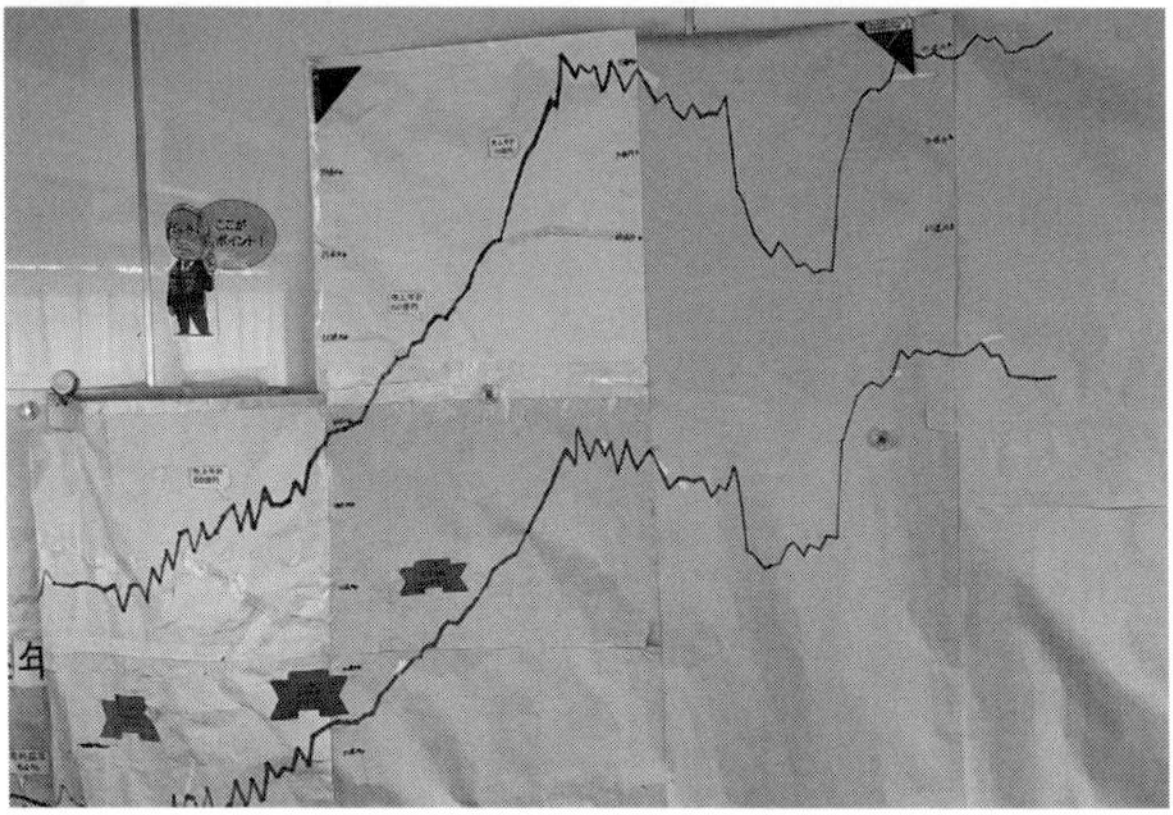

を探り、ただちに対策を立てます。

わが社の社長室には「売上年計グラフ」と「粗利益年計グラフ」が掲示してあり、私は、毎月、数字を「手書き」しています(手書きのほうが変化を実感できる)。

コラム

社長が家を買うときは、「全額住宅ローン」で買うのが正しい

社長が自己資金で家を買わないほうがいい理由

A社長とB社長が、どちらも「5000万円」の住宅を個人で購入することになったとします。A社長もB社長も、2000万円の貯金があります。

・A社長……2000万円を頭金にして、残りの3000万円を金融機関から借り入れて住宅を購入する。購入後は、利息をできるだけ減らせるように、繰り上げ返済をする。

・B社長……貯金の2000万円には一切手をつけない。全額（5000万円）金融機関から借りて住宅を購入する。繰り上げ返済はしない。仮に返済ができなくなったら、売却する。

私が評価するのは、B社長です。

私は「社長が家を買うときに、自己資金は出さないほうがいい」と考えています。自己資金に手をつけないほうが生活は安定するからです。

貯金2000万円を頭金に使えば、返済額を少なくしたり、返済期間を短くできますが、万が一病気になったりした場合、現預金がないため、生活が立ち行かなくなります。

「会社も社長個人も、手元の現預金を持っておかないと、リスクが高くなる」と私は考えています。

私自身、全額借入れで住宅を購入したことがあります。金融機関に「お金を貸してほしい」とお願いしたところ、支店長から「ダメ」の返事（私が現預金をほとんど持っていなかったため）。

そこで私は、**「家の購入」について役員会の同意を得て議事録にまとめ、支店長に提出しました。**

「小山昇が家を買うことは、わが社の取締役全員が承認している」ということは、**「会社が後ろ盾になっているので、返済が滞る心配がない」**ということです。その結果、融資を受けることができました。

社長個人の家も、会社の設備投資も、基本的には同じ考え方です。

「はじめに」で説明したように、4億円の自己資金を持つ会社が、「4億円の工場」を新設する場合、自己資金には手をつけず、金融機関から4億円の融資を受けたほうがいい。そのほうが緊急支払い能力を高めることができます。

社員の自宅購入も全額借り入れて購入することを勧めているが、中には、金利の支払いが大変だからと、預金を全額頭金にしようと考える者がいます。しかし、数ヵ月後、奥さんが妊娠して共働きができなくなることだってある。**「何かあったとき」を考えておかないと、困るのは社長も社員も同じ**です。

CHAPTER 4

融資を引き出す3点セット

①金融機関に3点セットを差し出し、透明性を高める

無担保で融資を受けるための3点セットとは？

武蔵野が「無担保でお金を借りられる」のも、「長期借入金を増やす」ことができるのも、次の3つを継続している結果です。

①経営計画書を作成して金融機関に配付する
②経営計画発表会に各行の支店長を招待し、わが社の定性・定量情報を提供する
③定期的な銀行訪問を実施し、現状を報告する

私は、**「経営計画書」「経営計画発表会」「銀行訪問」**の3つを

「3点セット」

と呼んでいます。

【融資を引き出す3点セット】

①経営計画書

会社の方針、数字、スケジュールを1冊の手帳にまとめた武蔵野のルールブックです。社員が「どう行動すればいいのか」に迷ったら、経営計画書の方針が道標となります。「環境整備に関する方針」「お客様に関する方針」「クレームに関する方針」「採用に関する方針」「人事評価に関する方針」といった社内ルールのほかに、「財務」に関する次の内容が記されてあります。

・「長期事業構想書」（5年先までの事業計画）
・「長期財務格付け」（安全性、収益性、成長性、返済能力から見た格付け判定）
・「長期財務分析表」（経営効率、資金繰り、運転資金の回転率など）
・「経営目標」（今期の売上高、粗利益額、経常利益、経費、人件費など）
・「利益計画」（各月の売上高、粗利益、売上原価などの「目標」と「実績」）
・「総売上年計表」（武蔵野の総売上の年計表）

・「支払金利年計表」（1年間でいくら金利を払っているか）

経営計画書は金融機関にも配布しています。

武蔵野の事業計画、資金計画、財務分析、「資金運用に関する方針」などが明記されているため、融資を受ける際、あらためて資料を提出する必要はありません。

②経営計画発表会

毎年5月（わが社の期首）に「経営計画発表会」を実施し、今期の方針（前期との変更点）と数字の解説をします。銀行の支店長クラスを招待し、「社長の姿勢と社員の姿勢」をご自身の目でたしかめていただきます。

社長は、経営計画発表会で嘘をつけない。ということは、支店長に「嘘をつかない社長の姿勢」を見てもらうことができます。

③銀行訪問

定期的に（3ヵ月に一度）金融機関を訪れ、武蔵野の現状（売上・経費・利益・今後の事業展開など）について、正直に報告しています。

金融機関の担当者は、同行するわが社の社員が読み上げる数字（実績）を経営計画書に記入していただきます（経営計画書は経営計画発表会時に配付済み）。

定期報告こそ、金融機関の信頼を得る最良の仕組みです。

長期事業構想書

		項目	当期	第61期	第62期	第63期
事業計画		1.経営サポート事業	4,124	4,422	4,598	4,710
		2.Kimete® 事業	1,360	1,990	2,602	3,320
		3.社長応援コンサルティング事業	866	1,172	1,607	2,128
		4.ミライクリエーション事業	90	150	200	250
		5.クリーンサービス事業	2,060	2,150	2,236	2,326
		6.ケア事業	670	790	910	1,062
		7.ライフケア事業	470	540	607	680
		8.クリーン・リフレ事業	1,160	1,220	1,280	1,345
		9.新規・人材派遣事業			260	612
	事業成長率		—	115.1	115.0	114.9
利益計画	総売上高		10,800	12,434	14,300	16,433
	総仕入高		2,620	2,897	3,146	3,434
	粗利益率		75.7	76.7	78.0	79.1
	粗利益		8,180	9,537	11,154	12,999
	内部費用	人件費	2,764	3,180	3,672	4,235
		経費	2,081	2,347	2,707	3,111
		販売促進費	2,035	2,500	3,000	3,610
		減価償却費	280	297	315	286
		計	7,160	8,324	9,694	11,242
	営業利益		1,020	1,213	1,460	1,757
	営業外収益		10	11	13	15
	営業外費用		30	24	23	22
	経常利益		1,000	1,200	1,450	1,750
	損益分岐点		9,480	10,869	12,441	14,220
要員計画	労働分配率		33.8	33.3	32.9	32.6
	一人当たりの人件費		5.2	5.3	54	5.5
	人員		530	600	680	770
設備計画	土地		0	0	0	0
	ソフトウェア		300	300	200	200
	開発費		0	0	0	0
資本金	増資		0	0	0	0
	払込資本金		99	99	99	99
生産性	一人当たりの売上高		20	21	21	21
	一人当たりの粗利益		15	16	16	17
	一人当たりの経常利益		1.9	2.0	2.1	2.3

経営計画書の「長期財務格付け」

長期財務格付け

単位 百万円

項目	第59期			第60期			第65期		
	結果	配点	点数	結果	配点	点数	結果	配点	点数
1．安全性項目	59期経常利益:		49.5						
自己資本比率	26.9%	10	5	31.5%	10	6	52.2%	10	9
ギアリング比率	185.8%	10	4	116.3%	10	6	30.5%	10	10
固定長期適合率	58.7%	7	5	55.4%	7	5	27.2%	7	7
流動比率	244.7%	7	7	199.6%	7	7	258.8%	7	7
2．収益性項目	58期経営利益:		3.0						
売上高経常利益率	0.7%	5	1	9.3%	5	5	11.5%	5	5
総資本経常利益率	1.0%	5	3	16.7%	5	5	20.4%	5	5
収益フロー	3期黒字	5	5	3期黒字	5	5	3期黒字	5	5
3．成長性項目	57期経常利益:		316.0						
経常利益増加率	1550.0%	5	5	1920.2%	5	5	19.0%	5	3
自己資本額	1,284.1	15	7	1,884.1	15	7	6,394.1	15	10
売上高	7,436.1	5	5	10,800.0	5	5	21,679.7	5	5
4．返済能力	59期減価償却費:		220.0	59期営業利益:		69.5			
債務償還年数	8.2年	20	8	1.7年	20	17	0.7年	20	20
インタレスト・カバレッジ・レシオ	2.48倍	15	7	34.33倍	15	15	116.8倍	15	15
キャッシュフロー額	289.5	20	4	1,300.0	20	12	2,729.6	20	12
定量要因計		129	66		129	100		129	113
100点法による採点		100	51		100	78		100	88

スコア	格付け	ポイント
90以上	1	リスクなし
80以上	2	ほとんどリスクなし
65以上	3	リスク些少
50以上	4	リスクがあるが良好水準
40以上	5	リスクがあるが平均的水準
25以上	6	リスクやや高いが許容範囲
25未満	7	リスク高く徹底管理
警戒先	8	現在債務不履行
延滞先	9	債務不履行でメドたたず
事故先	10	履行のメド全くなし

第59期格付け判定

4

第60期格付け判定

3

第65期格付け判定

2

参考:池井戸潤『会社の格付』中経出版

長期財務分析表

	項目	計算式	当期 第60期	Ⅰ 第61期	Ⅱ 第62期	Ⅲ 第63期	Ⅳ 第64期	Ⅴ 第65期	目標	傾向
経営効率	総資本経常利益率	経常利益／総資本×100	16.7	17.6	18.8	19.6	20.1	20.4		↗
	売上高経常利益率	経常利益／売上高×100	9.3	9.7	10.1	10.6	11.1	11.5		↗
	総資本　回転率	売上高／総資本	1.8	1.8	1.9	1.8	1.8	1.8		→
資金繰り	流動比率	流動資産／流動負債×100	199.6	205.9	215.8	227.9	243.5	258.8		↗
	固定比率	固定資産／自己資本×100	121.3	98.6	76.1	59.6	45.8	35.8	以下	↗
	固定長期適合率	固定資産／自資+固負×100	55.4	51.4	45.3	39.3	32.7	27.2	以下	↗
運転資金の回転率	支払手形回転率	売上高／支払手形	0.0	0.0	0.0	0.0	0.0	0.0		→
	買掛金回転率	売上高／買掛金	105.8	105.8	105.8	105.9	105.9	105.9		↗
	受取手形回転率	売上高／受取手形	0.0	0.0	0.0	0.0	0.0	0.0		→
	売掛金回転率	売上高／売掛金	22.9	22.9	22.9	22.9	22.9	23.0		↗
	棚卸資産回転率	売上高／棚卸資産	43.1	47.2	51.7	56.6	62.0	67.8		↗
蓄積	自己資本比率	自己資本／総資本×100	31.5	35.8	40.4	44.7	48.7	52.2		↗

経営計画書の「経営目標」

第60期　経営目標

1. 売 上 高 ……………………108億円

2. 粗利益額 ………… 81億8千万円

3. 人 件 費 …… 27億6千4百万円

4. 経　　費 …… 20億3千3百万円

5. 販売促進費 …… 20億3千5百万円

6. 減価償却費 …………… 2億8千万円

7. 営業利益 ………… 10億2千万円

8. 経常利益 ……………………10億円

9. 労働分配率 …………………… 33.8%

10. 売上成長率 ………………… 145.2%

利益計画全社

単位 百万円

項目	金額	区分	5月 当月	5月 累計	6月 当月	6月 累計	7月 当月	7月 累計	8月 当月	8月 累計	9月 当月	9月 累計	10月 当月	10月 累計	11月 当月	11月 累計	12月 当月	12月 累計	1月 当月	1月 累計	2月 当月	2月 累計	3月 当月	3月 累計	4月 当月	4月 累計
売上高	10,800	目標	891	891	888	1,779	990	2,769	782	3,551	1,086	4,637	1,019	5,656	869	6,525	731	7,256	886	8,142	723	8,865	988	9,853	947	10,800
		実績																								
売上原価	2,620	目標	210	210	221	431	236	667	220	887	217	1,104	224	1,328	215	1,543	210	1,753	214	1,967	221	2,188	221	2,409	211	2,620
		実績																								
粗利益	8,180	目標	681	681	667	1,348	754	2,102	562	2,664	869	3,533	795	4,328	654	4,982	521	5,503	672	6,175	502	6,677	767	7,444	736	8,180
		実績																								
人件費	2,764	目標	226	226	243	469	254	723	232	955	224	1,179	224	1,403	244	1,647	231	1,878	218	2,096	213	2,309	227	2,536	227	2,764
		実績																								
経費	2,081	目標	164	164	191	355	171	526	170	696	169	865	163	1,028	166	1,194	165	1,359	185	1,544	155	1,699	214	1,913	167	2,081
		実績																								
販売促進費	2,035	目標	154	154	190	344	177	521	166	687	149	836	177	1,013	192	1,205	177	1,382	164	1,546	134	1,680	169	1,849	188	2,035
		実績																								

経営計画書の
「総売上年計表」「支払金利年計表」

総売上年計表

単位 百万円

項目	第55期 当月	第55期 年計	第56期 当月	第56期 年計	第57期 当月	第57期 年計	第58期 当月	第58期 年計	第59期 当月	第59期 年計	第60期 当月	第60期 年計
5月	736	7,107	557	7,342	466	6,693	616	6,995	609	7,422		
6月	486	7,167	585	7,441	394	6,502	586	7,187	609	7,445		
7月	781	7,293	613	7,273	546	6,435	615	7,256	679	7,509		
8月	477	7,379	500	7,296	435	6,370	474	7,295	535	7,570		
9月	792	7,359	717	7,221	788	6,441	778	7,285	744	7,536		
10月	701	7,568	658	7,178	610	6,393	690	7,365	701	7,547		
11月	602	7,412	655	7,231	569	6,307	683	7,479	593	7,457		
12月	587	7,495	523	7,167	541	6,325	507	7,445	504	7,454		
1月	578	7,445	608	7,197	566	6,283	584	7,463	608	7,478		
2月	492	7,501	480	7,185	496	6,299	487	7,454	492	7,483		
3月	593	7,331	698	7,290	680	6,281	721	7,512				
4月	696	7,521	190	6,784	754	6,845	717	7,429				

支払金利年計表

単位 百万円

項目	第58期 当月	第58期 年計	第59期 当月	第59期 年計	第60期 当月	第60期 年計
5月	2.3	30.1	3.1	27.3		
6月	2.6	29.3	2.6	27.3		
7月	0.9	27.7	1.2	27.6		
8月	3.2	27.9	3.6	28.0		
9月	2.0	27.7	2.0	28.0		
10月	1.5	27.4	2.5	29.0		
11月	3.2	27.3	2.4	28.2		
12月	1.5	27.2	1.5	28.2		
1月	3.2	28.0	3.0	28.0		
2月	2.1	27.9	2.0	27.9		
3月	2.2	28.7				
4月	1.7	26.5				

※金利が高いのは小山昇が高齢だから。

②

金融機関は、数字で話せる社長を評価する

赤字の社長の多くは、確固たる数値目標がない

私はかつて、歌舞伎町に足しげく通い、独身時代には「歌舞伎町の夜の帝王」というあだ名がつくほど、高級クラブ、キャバクラに精通していました。今も競馬とパチンコは生活の一部で、大学時代は徹マン（徹夜マージャン）に明け暮れていました。大学を卒業するのに9年もかかったのは、「マージャンが忙しかったから」です。

世間一般の価値観からみれば、私は人格者ではありません。それでも金融機関が私を評価してくださるのは、

「小山昇が数字を使って話す経営者だから」

「小山昇がB／Sベースの経営をしているから」

です。

金融機関は、数字を評価します。数字がなく（経営計画書も試算表もなく）、感覚や感情だけで話す社長は、どれほど高い志や熱い想いを持っていても、評価されにくい。なぜなら、「志」も「想い」も抽象的で、根拠が薄いからです。

一方で**数字は、根拠です。数字は、具体的です。**

数字は、すべての人に共通するモノサシです。

武蔵野は経営計画書を作成して、

「1年後、3年後、5年後にどれくらいの利益を出したいと考えているのか」

「利益を出すために、何をすべきなのか」

「どのような財務体質の会社にしたいのか」

「借入金をどのように使うのか」

「どのような返済計画を持っているのか」

を数字であらわしているため、金融機関も安心して融資できます。

赤字の社長の多くは、確固たる数値目標がありません。「利益を出したい」と頭では思っ

ているものの、

・「いくら利益を出したいのか」
・「いつまでに利益を出したいのか」
・「利益を出すために何をすればいいのか」
・「利益を出すためにいくら必要で、どう使うのか」

があいまいです。

経営における社長の決定は経験・体験に基づく科学的判断の連続ですが、目標のない選択を「気まぐれ」と言います。

金融機関は、社長の気まぐれにお金を貸しているのではありません。社長の決定に対してお金を貸します。

長期計画を立て、未来の数字を明らかにする

武蔵野は、経営サポートパートナー会員を対象に、「経営計画書作成支援合宿」を開催しています。**2001年から指導をはじめて2023年までに倒産した会社はゼロです。**

経営で大事なのは、目先の売上にとらわれず、「長期的な視点」で考えることです。この合宿では、小山が35年かけて完成させたオリジナルの「社長の決定ソフト」を使って、B／Sをベースにした長期事業構想書を作成します。**「5年で売上2倍」**に目標を設定し、当期から5年先までの事業計画、粗利益計画、要員計画、設備計画、資金計画を具体的な数字に落とし込んでいます。（227ページ以降参照）。作成した計画は私がチェックし、「花丸」がもらえたら合格です。

●社長の決定ソフト……長期事業計画、資金運用計画、財務分析をするためのソフト。順を追って数字を入力していくと「利益目標を達成するためには、毎月いくらの売上が必要か」を算出できる。

「5年で売上2倍」を実現するには、毎年「前年比約115％成長」が必要です。

前年比約115％で伸びることを想定し、

「どれだけ利益が出て、どれだけお金が足りなくなるか（どれだけ余るか）」

「緊急支払い能力はあるか、ないか」

「毎月、いくら返済できるか」

「減価償却費はいくらになるか」

「どれだけ設備投資できるか」

「格付けはいくつになるか」

を試算することが、財務体質の健全化につながります。


経営は逆算が基本です。「過去計算」ではなく、「未来計算」で考える。最初に結果（目標とする経常利益）を決め、結果を得るための実現手段を逆算して決めていきます。すなわち、「経常利益はいくら、そのためには経費はいくらで、売上はいくらか」を逆算していくのが経営計画です。

損益計算書は通常、上から下に作成していきます。ですが、目標利益（目標とする経常利益）に必要な売上を算出するには、損益計算書の下から考えます。最初に経常利益を決め、その後、損益計算書を順番にさかのぼっていけば、最後に必要な売上が決まります。

経営は経常利益の設定が最優先で、売上目標がいちばん最後です（社長の決定ソフトは経常利益から逆算して財務計画を立案していきます）。

社長の決定ソフトでつくった「長期事業構想書」

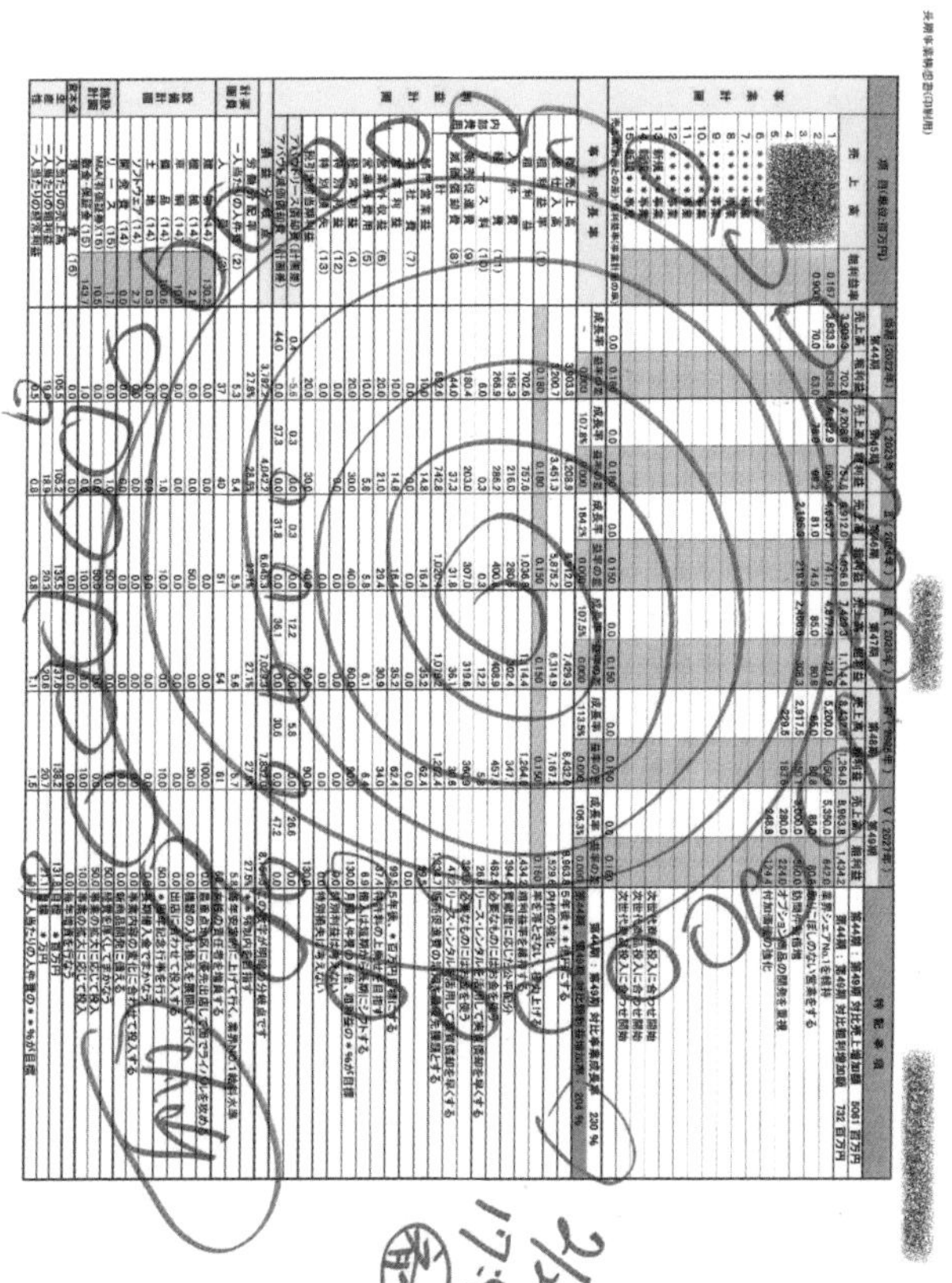

B／Sを見たことがなかった社長でも
ここまでつくれるようになる

社長の決定ソフトでつくった
「長期目標貸借対照表５期分」

長期目標貸借対照表 5期分 [redacted] [redacted]

資産科目	当期 第44期	I 第45期	II 第46期	III 第47期	IV 第48期	V 第49期
I. 流動資産	1,368.7	1,491.0	1,790.0	1,977.2	2,182.8	2,342.7
現金	10.5	10.5	10.5	10.5	10.5	10.5
普通預金	417.5	456.8	805.6	872.5	1,002.0	1,070.6
当座預金	76.0	76.0	76.0	76.0	76.0	76.0
通知預金	313.3	343.0	52.1	52.1	40.0	0.0
固定預金	199.7	227.7	227.7	305.0	307.4	381.2
受取手形	0.0	0.0	0.0	0.0	0.0	0.0
売掛金	0.0	0.0	0.0	0.0	0.0	0.0
棚卸資産	21.4	23.1	37.9	40.7	41.7	44.3
予定納税	0.0	0.0	0.0	0.0	7.0	18.0
仮払消費税	302.9	326.5	536.1	576.3	654.1	695.3
未収入金	1.4	1.4	1.4	1.4	1.4	1.4
有価証券	0.0	0.0	0.0	0.0	0.0	0.0
その他の流動	26.0	26.0	42.7	42.7	42.7	45.4
II. 固定資産	655.6	623.4	691.3	646.4	803.4	903.0
1. 有形固定資産	244.6	209.4	287.6	239.6	483.5	509.9
建　物(22.9)	130.2	110.4	93.6	79.3	167.2	141.8
機　械(0.4)	2.1	1.8	51.5	43.7	67.1	56.9
車　輌(1.8)	10.0	8.5	7.2	6.1	5.2	4.4
備　品(18.4)	100.6	86.3	83.2	70.6	69.9	109.3
建設仮勘定	0.0	0.0	0.0	0.0	0.0	0.0
リース資産	1.7	2.4	52.1	39.9	174.1	197.5
土地	0.3	0.3	0.3	0.3	0.3	0.3
2. 無形固定資産	29.7	29.3	39.0	38.7	38.4	48.2
ソフトウェア(0.5)	2.7	2.3	2.0	1.7	1.4	1.2
その他無形	27.0	27.0	37.0	37.0	37.0	47.0
3. 投資等	381.0	384.4	364.4	367.8	281.2	344.6
投資有価証券	10.5	10.5	60.5	60.5	60.5	110.5
敷金・保証金	143.7	143.7	153.7	153.7	163.7	173.7
長期貸付金	183.4	183.4	100.0	100.0	0.0	0.0
その他投資等	43.4	46.8	50.2	53.6	57.0	60.4
III. 繰延資産	0.0	0.0	0.0	0.0	0.0	0.0
権利金	0.0	0.0	0.0	0.0	0.0	0.0
開発費(0.0)	0.0	0.0	0.0	0.0	0.0	0.0
資産合計	2,024.3	2,114.4	2,481.3	2,623.6	2,986.2	3,245.7
計	2,024.3	2,114.4	2,481.3	2,623.6	2,986.2	3,245.7

負債・純資産科目	当期 第44期	I 第45期	II 第46期	III 第47期	IV 第48期	V 第49期
I. 流動負債	391.7	422.1	692.2	757.9	880.0	949.2
支払手形	0.0	0.0	0.0	0.0	0.0	0.0
買掛金	0.0	0.0	0.0	0.0	0.0	0.0
＊経費 未払金	107.8	116.2	190.8	205.1	232.8	247.5
＊手数 未払金	0.0	0.0	0.0	0.0	0.0	0.0
仮受(未払)消費税	282.0	304.0	499.2	536.6	609.0	647.4
前受金	1.4	1.4	1.4	1.4	1.4	1.4
割引手形	0.0	0.0	0.0	0.0	0.0	0.0
短期借入金	0.0	0.0	0.0	0.0	0.0	0.0
預かり金	0.5	0.5	0.8	0.8	0.8	0.9
納税引当金	0.0	0.0	0.0	14.0	36.0	52.0
引当金(賞・給・他)	0.0	0.0	0.0	0.0	0.0	0.0
その他の負債	0.0	0.0	0.0	0.0	0.0	0.0
II. 固定負債	939.9	969.6	1,026.4	1,057.0	1,243.5	1,355.8
長期借入金	624.7	677.0	707.4	773.5	849.1	961.3
未払分割金	0.2	0.2	0.2	0.2	0.2	0.2
社　債	313.3	290.0	266.7	243.4	220.1	196.8
リース負債	1.7	2.4	52.1	39.9	174.1	197.5
負債合計	1,331.6	1,381.7	1,718.6	1,814.9	2,123.5	2,305.0
I. 株主資本	692.7	722.7	762.7	808.7	862.7	940.7
1. 資本金	10.0	10.0	10.0	10.0	10.0	10.0
2. 資本余剰金	2.5	2.5	2.5	2.5	2.5	2.5
3. 利益剰余金	680.2	710.2	750.2	796.2	850.2	928.2
利益準備金	0.0	0.0	0.0	0.0	0.0	0.0
内部留保	660.2	680.2	710.2	750.2	796.2	850.2
繰越損失	0.0	0.0	0.0	0.0	0.0	0.0
当期利益・損失	20.0	30.0	40.0	46.0	54.0	78.0
4. 自己株式	0.0	0.0	0.0	0.0	0.0	0.0
II. その他の純資産	0.0	0.0	0.0	0.0	0.0	0.0
評価・換算差額	0.0	0.0	0.0	0.0	0.0	0.0
新株予約権	0.0	0.0	0.0	0.0	0.0	0.0
純資産合計	892.7	722.7	762.7	808.7	862.7	940.7
計	2,024.3	2,114.4	2,481.3	2,623.6	2,986.2	3,245.7

＊＊安全性判定科目＊＊	第44期	第45期	第46期	第47期	第48期	第49期
緊急支払い能力(月商)	1.55倍	1.55倍	1.55倍	1.55倍	1.55倍	1.55倍
緊急支払い能力(月粗利)	8.61倍	8.61倍	10.33倍	10.33倍	10.33倍	9.68倍
フリーキャッシュフロー	94.7	91.3	258.3	101.4	19.6	53.5
財務格付け	5	4	4	4	4	4
定量要因(100点法)	48	54	56	61	60	62

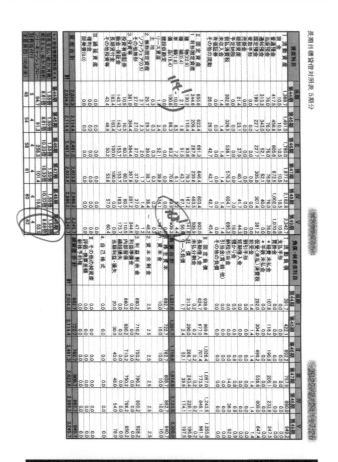

**自社のデータでアウトプット
することがポイント**

社長の決定ソフトでつくった「長期資金運用計画５期分」

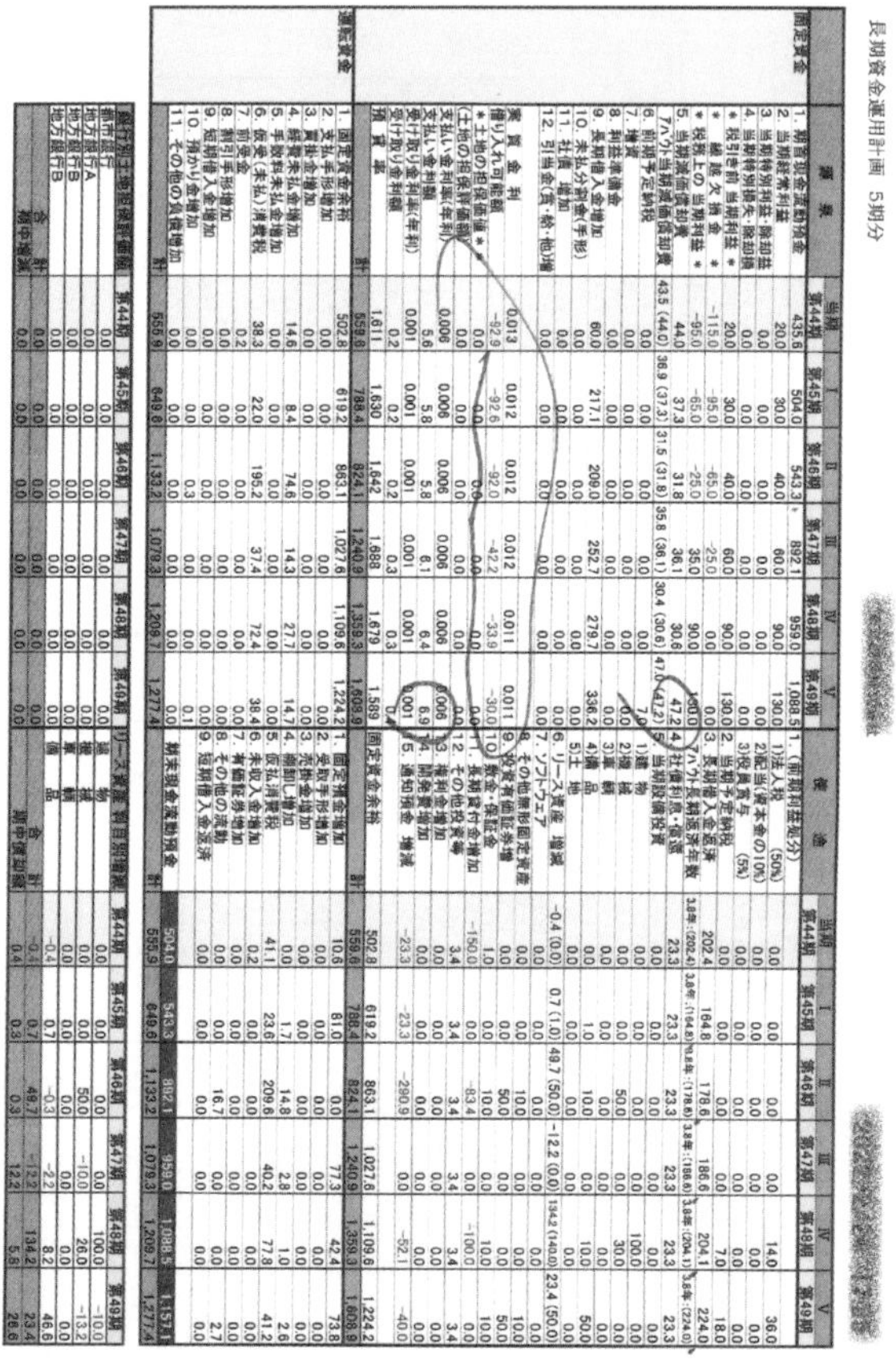

長期資金運用計画　5期分

	源　泉	当期 第44期	I 第45期	II 第46期	III 第47期	IV 第48期	V 第49期
固定資金	1．期首現金流動預金	435.6	504.0	543.3	892.1	959.0	1,088.5
	2．当期経常利益	20.0	30.0	40.0	60.0	90.0	130.0
	3．当期特別利益･除却益	0.0	0.0	0.0	0.0	0.0	0.0
	4．当期特別損失･除却損	0.0	0.0	0.0	0.0	0.0	0.0
	＊税引き前 当期利益＊	20.0	30.0	40.0	60.0	90.0	130.0
	＊　繰越欠損金　＊	−115.0	−95.0	−65.0	−25.0	0.0	0.0
	＊税務上の 当期利益＊	−95.0	−65.0	−25.0	35.0	90.0	130.0
	5．当期減価償却費	44.0	37.3	31.8	36.1	30.6	47.2
	ｱﾊﾞｳﾄ当期減価償却費	43.5 (44.0)	36.9 (37.3)	31.5 (31.8)	35.8 (36.1)	30.4 (30.6)	47.0 (47.2)
	6．前期予定納税	0.0	0.0	0.0	0.0	0.0	7.0
	7．増資	0.0	0.0	0.0	0.0	0.0	0.0
	8．利益準備金	0.0	0.0	0.0	0.0	0.0	0.0
	9．長期借入金増加	60.0	217.1	209.0	252.7	279.7	336.2
	10．未払分割金(手形)	0.0	0.0	0.0	0.0	0.0	0.0
	11．社債　増加	0.0	0.0	0.0	0.0	0.0	0.0
	12．引当金(賞･給･他)増	0.0	0.0	0.0	0.0	0.0	0.0
	実質金利	0.013	0.012	0.012	0.012	0.011	0.011
	借り入れ可能額	−92.9	−92.6	−92.0	−42.2	−33.9	−30.0
	＊土地の担保価値＊＊	0.0	0.0	0.0	0.0	0.0	0.0
	(土地の担保評価額)	0.0	0.0	0.0	0.0	0.0	0.0
	支払い金利率(年利)	0.006	0.006	0.006	0.006	0.006	0.006
	支払い金利額	5.6	5.8	5.8	6.1	6.4	6.9
	受け取り金利率(年利)	0.001	0.001	0.001	0.001	0.001	0.001
	受け取り金利額	0.2	0.2	0.2	0.3	0.3	0.4
	預貸率	1.611	1.630	1.642	1.688	1.679	1.589
	計	559.6	788.4	824.1	1,240.9	1,359.3	1,608.9
運転資金	1．固定資金余裕	502.8	619.2	863.1	1,027.6	1,109.6	1,224.2
	2．支払手形増加	0.0	0.0	0.0	0.0	0.0	0.0
	3．買掛金増加	0.0	0.0	0.0	0.0	0.0	0.0
	4．経費未払金増加	14.6	8.4	74.6	14.3	27.7	14.7
	5．手数料未払金増加	0.0	0.0	0.0	0.0	0.0	0.0
	6．仮受(未払)消費税	38.3	22.0	195.2	37.4	72.4	38.4
	7．前受金	0.2	0.0	0.0	0.0	0.0	0.0
	8．割引手形増加	0.0	0.0	0.0	0.0	0.0	0.0
	9．短期借入金増加	0.0	0.0	0.0	0.0	0.0	0.0
	10．預かり金増加	0.0	0.0	0.3	0.0	0.0	0.1
	11．その他の負債増加	0.0	0.0	0.0	0.0	0.0	0.0
	計	555.9	649.6	1,133.2	1,079.3	1,209.7	1,277.4

使　途	当期 第44期	I 第45期	II 第46期	III 第47期	IV 第48期	V 第49期
1．(前期利益処分)						
1)法人税　(50%)	0.0	0.0	0.0	0.0	14.0	36.0
2)配当(資本金の10%)	0.0	0.0	0.0	0.0	0.0	0.0
3)役員賞与　(5%)	0.0	0.0	0.0	0.0	0.0	0.0
2．当期予定納税	0.0	0.0	0.0	0.0	7.0	18.0
3．長期借入金返済	202.4	164.8	178.6	186.6	204.1	224.0
ｱﾊﾞｳﾄ長期返済年数	3.8年:(202.4)	3.8年:(164.8)	3.8年:(178.6)	3.8年:(186.6)	3.8年:(204.1)	3.8年:(224.0)
4．社債利息･償還	23.3	23.3	23.3	23.3	23.3	23.3
5．当期設備投資	0.0	0.0	0.0	0.0	0.0	0.0
1)建物	0.0	0.0	0.0	0.0	100.0	0.0
2)機械	0.0	0.0	50.0	0.0	30.0	0.0
3)車輌	0.0	0.0	0.0	0.0	0.0	0.0
4)備品	0.0	1.0	10.0	0.0	10.0	50.0
5)土地	0.0	0.0	0.0	0.0	0.0	0.0
6．リース資産　増減	−0.4 (0.0)	0.7 (1.0)	49.7 (50.0)	−12.2 (0.0)	134.2 (140.0)	23.4 (50.0)
7．ソフトウェア	0.0	0.0	0.0	0.0	0.0	0.0
8．その他無形固定資産	0.0	0.0	10.0	0.0	0.0	10.0
9．投資有価証券増	0.0	0.0	50.0	0.0	0.0	50.0
10．敷金･保証金	1.0	0.0	10.0	0.0	10.0	10.0
11．長期貸付金増加	−150.0	0.0	−83.4	0.0	−100.0	0.0
12．その他投資等	3.4	3.4	3.4	3.4	3.4	3.4
13．権利金増加	0.0	0.0	0.0	0.0	0.0	0.0
14．開発費増加	0.0	0.0	0.0	0.0	0.0	0.0
15．通知預金　増減	−23.3	−23.3	−290.9	0.0	−52.1	−40.0
固定資金余裕	502.8	619.2	863.1	1,027.6	1,109.6	1,224.2
計	559.6	788.4	824.1	1,240.9	1,359.3	1,608.9
1．固定預金増加	10.6	81.0	0.0	77.3	42.4	73.8
2．受取手形増加	0.0	0.0	0.0	0.0	0.0	0.0
3．売掛金増加	0.0	0.0	0.0	0.0	0.0	0.0
4．棚卸し増加	0.0	1.7	14.8	2.8	1.0	2.6
5．仮払消費税	41.1	23.6	209.6	40.2	77.8	41.2
6．未収入金増加	0.2	0.0	0.0	0.0	0.0	0.0
7．有価証券増加	0.0	0.0	0.0	0.0	0.0	0.0
8．その他の流動	0.0	0.0	16.7	0.0	0.0	2.7
9．短期借入金返済	0.0	0.0	0.0	0.0	0.0	0.0
期末現金流動預金	504.0	543.3	892.1	959.0	1,088.5	1,157.1
計	555.9	649.6	1,133.2	1,079.3	1,209.7	1,277.4

銀行別土地担保評価額	第44期	第45期	第46期	第47期	第48期	第49期
都市銀行	0.0	0.0	0.0	0.0	0.0	0.0
地方銀行A	0.0	0.0	0.0	0.0	0.0	0.0
地方銀行B	0.0	0.0	0.0	0.0	0.0	0.0
地方銀行B	0.0	0.0	0.0	0.0	0.0	0.0
合計	0.0	0.0	0.0	0.0	0.0	0.0
期中増減	0.0	0.0	0.0	0.0	0.0	0.0

リース資産 科目別増減	第44期	第45期	第46期	第47期	第48期	第49期
建物	0.0	0.0	0.0	0.0	100.0	−10.0
機械	0.0	0.0	50.0	−10.0	26.0	−13.2
車輌	0.0	0.0	0.0	0.0	0.0	0.0
備品	−0.4	0.7	−0.3	−2.2	8.2	46.6
合計	−0.4	0.7	49.7	−12.2	134.2	23.4
期中償却額	0.4	0.3	0.3	12.2	5.8	26.6

資金運用も長期的な視点で計画する

社長の決定ソフトでつくった
「長期比較貸借対照表」

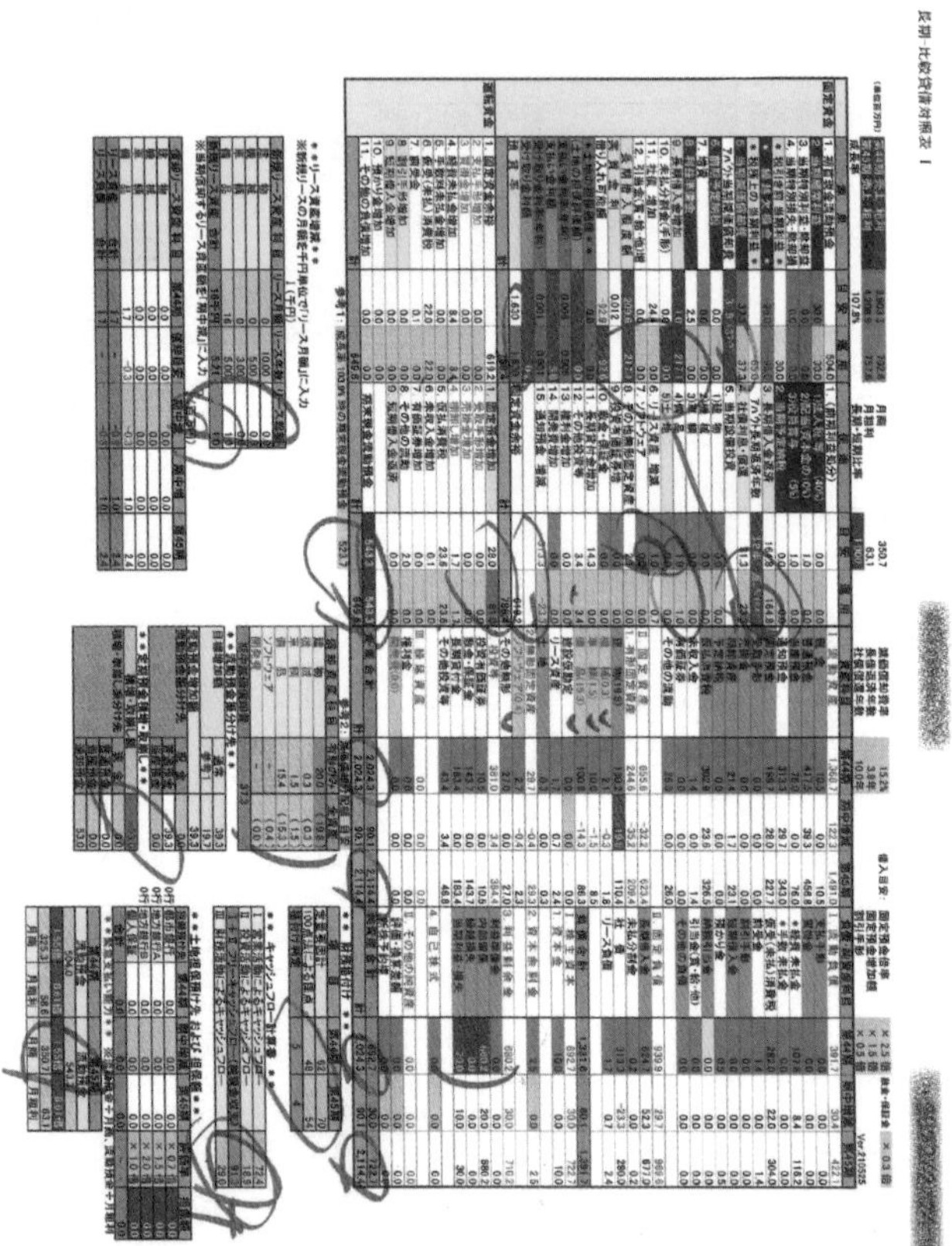

小山と「チェック講師」（232ページ参照）
が数字をチェック

経営計画資料に、月別の実績を記入する

さらに武蔵野は、経営計画書のほかに、**「経営計画資料」**を作成しています。経営計画資料は、利益計画を達成するための情報（人員、資産、資金、情報、お客様数など）を数字であらわした管理資料です。

経営計画資料には、各部門別・店別の損益、実績を記入できる「月別展開表」が綴じ込まれています。

月別展開表には、売上、粗利益、人件費、経費などの項目が立てられ、それぞれ「前年」「実績」「目標」が区分されています（「前年」がない項目もある）。

「前年」と「目標」はあらかじめ印刷されてありますが、「実績」は空欄になっており、部門長が毎月「手書き」しています。部門ごとの実績は会議（部門長会）で発表します。

経理担当者が発表するのではなく、各部門長が自分で調べて発表する仕組みです（他部門の長は、発表された数字を空欄に埋めていく）。

コラム

チェック講師に聞いた数字に弱い社長の共通点

なぜ、5ヵ年の長期事業計画をつくるのが難しいのか?

経営計画書作成合宿では、参加する社長に5ヵ年の長期事業計画を作成していただきます。作成した数字に妥当性があるかをチェックするのは、私と、経営サポートパートナー会員の中から私が選任した「チェック講師陣」です(チェック講師はB/SとP/Lの読解力が高い経営者)。

チェック講師を務める小林成年社長(**名古屋眼鏡株式会社**/愛知県名古屋市)は、参加者(とくに、事業計画の策定がなかなか進まない経営者)には、次の共通点があると指摘しています。

【小林社長の視点】

・損益計算書は意識しているが、キャッシュフロー(入ってくる現金と出ていく現金の流れ)や貸借対照表に対する意識が低い。多くの経営者が「純利益」だけに注目している。

・売上が増えると単純に喜び、「売上が増えると、売掛金、受取手形、在庫も増えること」

を認識していない。

・売上や利益は計算上の数字であり、「実態とは違う」ことがわかっていない。売上や利益が増えたからといって、手元資金が増えているわけではない。

・法人税に比べて、消費税の支払いに対する意識が低い。仮受消費税、仮払消費税など、消費税に関する勘定科目を理解していない。

・減価償却費ついての理解が浅い。減価償却とは、「使用開始日から効用喪失日までの期間」を耐用年数として、毎年少しずつ経費として処理する方法。「分割して経費化する」が、実際にはお金を払うのは1年目だけ。2年目以降は、お金を払わないが経費として計上する。

・「営業キャッシュフロー」「投資キャッシュフロー」「フリーキャッシュフロー」「財務キャッシュフロー」の概念がわかっていない。現預金がどれだけ増加したか（減少したか）は、「営業キャッシュフロー＋投資キャッシュフロー＋財務キャッシュフロー」で求められる（236〜237ページ参照）。

●**営業キャッシュフロー**……営業活動から得られた金額を明らかにしたもの。商品やサービス提供で得た収入から、仕入れや営業活動に必要な諸費用を差し引いたもの。

●**投資キャッシュフロー**……設備投資などによる資金流出、有価証券の取得と売却、有形固定資産の取得と売却など、将来に向けた投資によるお金の増減をあらわしたもの。

●**フリーキャッシュフロー**……営業キャッシュフローと投資キャッシュフローを足したもの。フリーキャッシュフローが多ければ黒字倒産のリスクは少なくなる（事業環境の変化に対応できる余力がある）。

●**財務キャッシュフロー**……金融機関からの借入れなど、どのような資金をどこから調達しているか、どのように返済しているのかを示すもの。

「参加者に5ヵ年の長期事業計画を立てていただくと、多くの経営者が夢のある計画を立てます。ですが、実際に資金運用計画を立ててみると、お金が足りなくなる方が多いです。このとき、キャッシュフローを見ると、自社の事業が、お金がたまる事業なのか、お金を

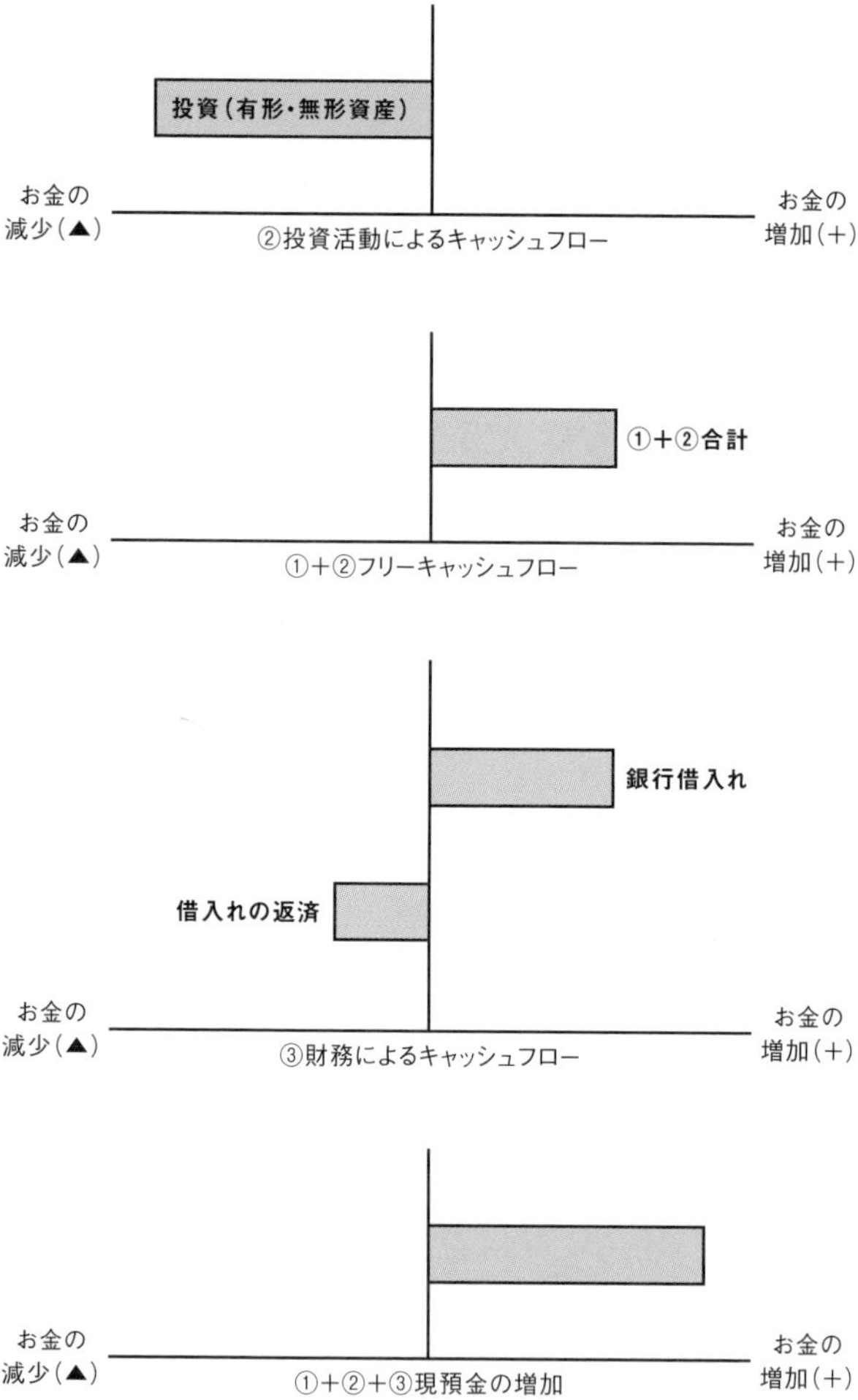
投資（有形・無形資産）
お金の減少（▲）
お金の増加（＋）
②投資活動によるキャッシュフロー
①＋②合計
お金の減少（▲）
お金の増加（＋）
①＋②フリーキャッシュフロー
銀行借入れ
借入れの返済
お金の減少（▲）
お金の増加（＋）
③財務によるキャッシュフロー
お金の減少（▲）
お金の増加（＋）
①＋②＋③現預金の増加

キャッシュフローの仕組み

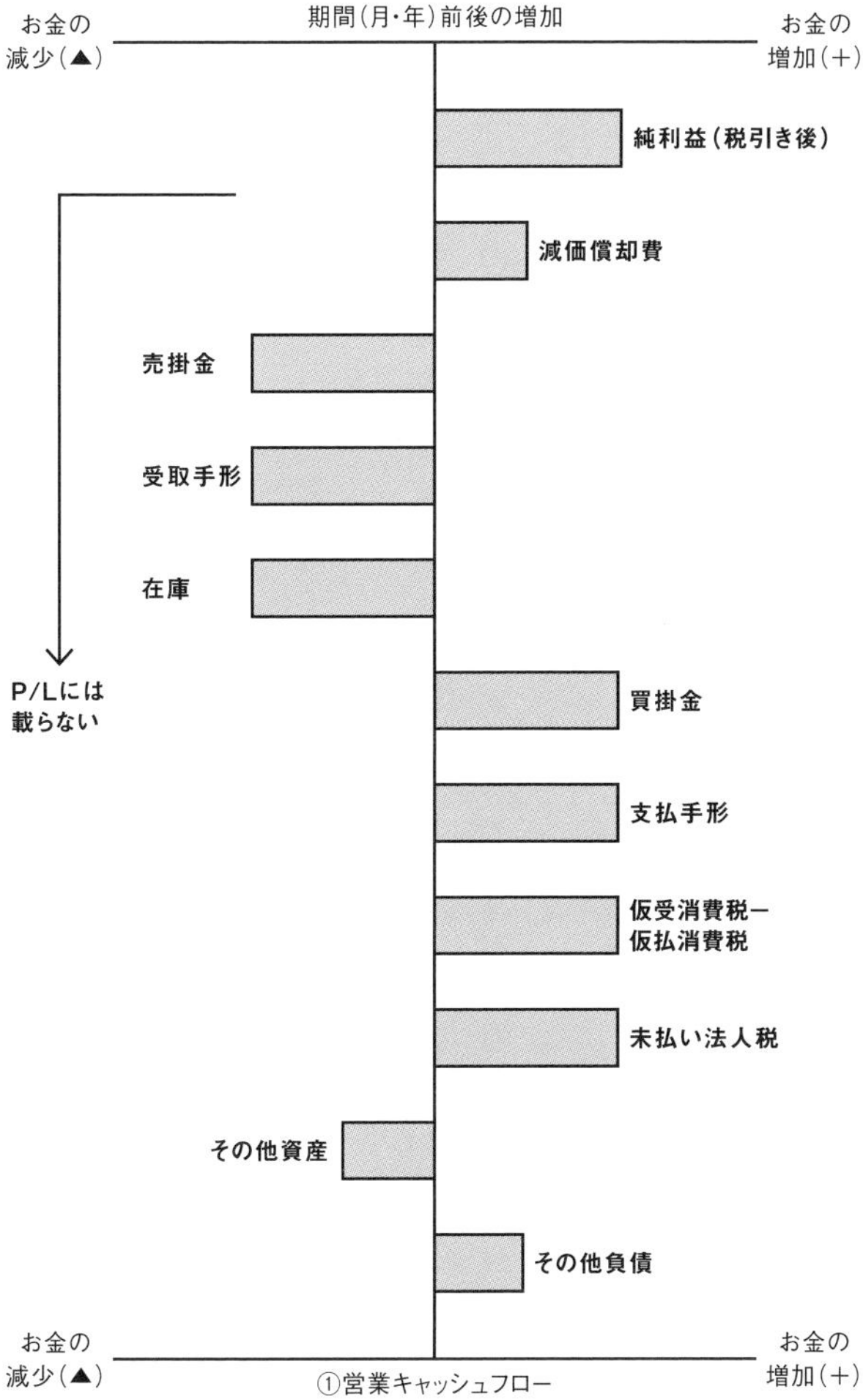

減らす事業なのか、特に売上が増えるとそれが顕著に表れます。お金を減らす事業をしている社長さんは、売上を増やせば増やすほど、お金がなくなって、銀行借入に頼らざるを得ない計画をつくることになります。銀行借入は無限ではないため、やがて資金ショートしてしまうのです。そうならないためには、キャッシュフローの、増えるとお金が減っていく『売掛金』『受取手形』『在庫』などと、増えるとお金が増える『買掛金』とのバランスや日数について着目して、改善していく必要があります」（小林成年社長）

金鶴友昇社長（**金鶴食品製菓株式会社**／埼玉県八潮市）も、チェック講師のひとりです。金鶴社長は、おもに製造業の経営者（とくにB／Sの勉強を始めたばかりの経営者）の共通点を次のように述べています。

【金鶴社長の視点】

・多くの社長が、「えいや！」と勢いだけで設備投資をしている。設備投資の返済額が経常利益を上回っていることも多い。

・緊急事態に見舞われたとき、「どこまでお金を使えるか」をわかっていない社長が多い。

・お金を借りるときは熱心なのに、返済に関する意識が甘く、毎月の返済額を理解していない社長もいる。

「製造業の場合は設備投資が不可欠なので、しっかりとした利益計画と返済計画をつくることが大切です。5年間の長期事業計画を立てることで、『年間の返済がどのぐらいあるのか』『どのぐらい余裕を持ってお金を使えるのか』が明らかになります。計画どおりに進まなかった場合は、すみやかに金融機関に説明をする。『こういう計画でしたが、今はこうなっています。今後は、このように改善していきます』と報告することが大切です」（金鶴友昇社長）

富山県富山市に本社を置き、北陸を中心に住宅事業などを展開する**正栄産業株式会社**の森藤正浩社長は、チェック講師を務める一方で、自身の経験に照らして、長期事業構想書をつくるポイントを次のように述べています。

【森藤社長の視点】

「長期事業構想書は、経営計画書の中で唯一、社長が夢を描けるページです。最初は皆、とにかく5年で2倍の売上になるよう、つじつま合わせで計画をします。私もそうでした。ですが何度もつくっているうちに、本当にこの事業計画で、5年で2倍にできるのか、今のままのビジネスモデルで大丈夫か、自分が、社員が、こんな5年後を見てワクワクするのかという視点を持って、長期事業構想書を作成するようになっていきました。

そうすると、それまで**大雑把にしかとらえていなかった自社の一つひとつの事業が、よく見えてくるようになっていきます。**

伸びる事業と伸びにくい事業を、明確に分けて、5年間の計画を立て、それを実現するために、建物、機械、ソフトウェア、M&Aなどの投資を行い、単年度に落とし込む。長期事業構想書から、経営計画をつくることによって、少しずつ『なりたい会社』に近づいていっています」（森藤正浩社長）

③ 経営計画発表会には、金融機関を招待する

経営計画発表会は、定性情報を提供する機会である

経営計画発表会とは、取引銀行をはじめとするステークホルダー（関係者）をご来賓としてお招きし、社長が社員に向けて今期の経営方針を発表する式典です。会社の期首に開催します。

経営計画発表会は全社員を参加させます。社員の席順は、当日に配付される経営計画書に記載された配付先一覧の序列に従い、職責上位が前に座ります（自分が何番か、当日までわからないようにしています）。

経営計画発表会は、２部構成です。

・第１部……経営計画（方針と数字）の発表が中心。厳粛に、厳かに、緊張感を持って執り行う。

・第２部……懇親パーティー。仮装して踊ったり、早食い競争をしたりして、はしゃいで楽しむ。

金融機関の支店長（あるいは融資担当者）をお招きするのは、

「経営計画発表会が定性情報を提供する機会」

だからです。

・社長が嘘をつかずに社員に本音で語りかけている様子
・社員が居眠りをせずに真剣に耳を傾けている様子
・全社員の立ち振る舞いが揃っている様子

をお見せすることで、金融機関の信用を得ることが目的です。

忙しい支店長がわざわざ時間をとって、経営計画発表会に出席するのは、「社員を見るため」です。

株式会社オージーフーズ（東京都渋谷区／高橋徹社長）は、食品通販専門のサプライヤーです。

高橋徹社長の大学時代の同級生Aさんは、某地銀の支店長経験者です。高橋社長がAさんと仕事を離れて飲んでいるときに、Aさんは、

「定量情報と定性情報では、３：７の割合で定性情報を重視する」

と話していたそうです。

「A君は支店長時代に、小山社長の指導を受けている3社、株式会社NISSYO・株式会社凪スピリッツジャパン・株式会社ヤマデンの経営計画発表会に出席したことがあります。

『3社とも、全社員の立ち居振る舞いが揃っていて美しかった。あれだけの発表会ができるのはすごいこと。決算書の数字は嘘をつけるが、経営計画発表会での振る舞いは嘘をつけない。この3社にお金を貸して万が一焦げ付いたとしても、自分に悔いはない』とまで

言い切っていました。

A君がNISSYOさんの会社訪問をしたときは、『工場が見事に整頓されているのを見て、この会社は大丈夫だ』と直感的に思ったそうです。また、A君の異動が決まったときに、『凪スピリッツジャパンの生田社長が幹部社員3名とともに、深紅のバラを届けてくださったときは感動した』と話していました」(高橋徹社長)

経営サポートパートナー会員の経営計画発表会に参加したある融資担当者は、**「2列目以降の社員の反応を観察していた」**と話しています。

経営計画発表会の席順は、「職責順に前の席から」座ります。この融資担当者が2列目以降に注目していたのは、

「職責上位の社員がきちんとしているのは当たり前。職責下位の社員にも、社長の意図が正しく伝わっているか」

「居眠りなどをせず、緊張感を持ってこの場に臨んでいるか」

を確認するためです。

「経営計画発表会」第１部

「経営計画発表会」第２部

【経営計画発表会式次第　第1部の構成（株式会社武蔵野の場合）】

一　経営理念唱和
一　開会宣言
一　来賓紹介
一　社長賞表彰
一　優秀社員賞表彰
一　経営計画発表
一　幹部決意表明
一　閉会宣言
一　ダスキン経営理念唱和

取引している金融機関の数が4〜5行なら、すべての金融機関を経営計画発表会に呼んだほうがいいと思います。

行数が多い場合は、取引金額の多い順に、4〜5行に絞ってもいいでしょう。

経営計画発表会タイムスケジュール

09:00	オリエンテーション
	車輛荷物搬入
09:15	2部メインリハーサル
	会場準備
	音声準備開始
	受付設営
09:30	1部リハーサル
11:45	2部並び方練習
	替歌リハーサル
12:00	昼食
12:30	経営計画書、経営資料を並べる
	2部リハーサル(13:30まで)
13:00	受付開始(来賓)
	受付開始サポート
13:55	来賓誘導
14:00	開会
	経営理念・七精神
14:04	開会宣言
14:06	来賓の紹介
14:10	表彰式
14:15	経営計画発表
14:50	幹部決意表明
14:53	閉会宣言
14:55	ダスキン経営理念
14:58	来賓誘導
15:00	感想文／休憩
	1部後片付け
	投票用紙回収
15:20	社員、サポート会員集合
15:25	お客様入場
15:30	2部開始
15:35	来賓挨拶
15:40	乾杯のご発声
15:45	祝電のご紹介
	旅行券100回帳配布
	食事歓談
15:55	オッズ発表
16:00	ゲーム
	早食いリレーゲーム
16:30	中締め
16:35	来賓見送り
16:40	サポート会員退場
	3次会
	立食歓談
17:20	閉会の言葉
17:30	後片付け、搬出

経営計画発表会は、「社内」では行わない

経営計画発表会は、社内で行わずに、ホテルやホール、公民館などを借りて行います。社内で行わない理由は、おもに2つあります。

ひとつは、**「場所が変わらなければ、社員の意識も変わらない」**から。

もうひとつは、**「第1部と第2部のギャップを明確に見せたい」**からです。

京都を中心に関西で接骨院・整体院・鍼灸治療院を展開する**EMPOWERMENT株式会社**の平川憲秀社長（京都府京都市）は2023年、コロナ禍を経て3年ぶりに経営計画発表会第2部を行いました。

「メイン銀行の支店長が変わって2年目ですが、今年『昨年は軍隊みたいな文化の会社なのかと思っていましたが、2部のオープニングを見てコミュニケーションもとれている会社というのがよくわかりました』と言われました。『挨拶の内容をもっとフランクなもので準備しておけばよかったです』とおっしゃっていて、当社の雰囲気のよさが伝わったと感

じました」（平川憲秀社長）

ＥＭＰＯＷＥＲＭＥＮＴが具体的にどのような雰囲気づくりを行っているかは『日本一働きやすい治療院を目指したら、人が辞めない会社になりました』を読んでください。

武蔵野の場合は、約１０００人が参加するため、「社内には収容スペースがない」という事情もあります。社員数がそれほど多くない会社でも、公民館、貸し会議室・レンタルスペースなどを借りたほうが社員の気持ちも引き締まります。

コロナ禍では、「ひとり経営計画発表会」をライブ配信

２０２０年、コロナ禍での経営計画発表会は、私ひとりでライブ配信を行いました。

「重厚感、緊張感、感動などの肌感覚は伝わりにくかった」という感想が上がった一方で、

「聞きやすく伝わりやすい」

「板書が見やすいため、内容を理解しやすい」

など、会場参加よりも「理解しやすかった」という感想が多く寄せられました。また、

社員のご家族も視聴できたため、「武蔵野はどういう会社か」「小山昇はどういう人物か」をご理解いただけたことが、ライブ配信の大きな成果になりました。

経営計画発表会終了後は、ＱＲコードを使ったフォームで、社員とご家族から感想文を送ってもらいました。

このとき中嶋博記取締役のご家族から「お父さんが全然痩せようとしません。社長から健康のために体重が減るように指導してください」と感想文をいただいた。

当時、１００キロ以上あった中嶋の体重は、その後2年6ヵ月で77キロになり、小山のチェックを卒業しました。

4 必ず時間通りに始まり、必ず時間通りに終わる

金融機関が信用するのは、約束を守る会社

経営計画発表会では、「必ず時間通りに始まり、必ず時間通りに終わる」ように徹底しています。経営計画発表会だけでなく、武蔵野のイベントはすべて「時間厳守」です。

地銀のある支店長は、「定刻通りに始まっただけで融資を実行する。定刻を守れなかった会社には融資しない」と断言していました。

「時間を守らない会社は約束も守らない。時間を守らない会社は返済期日も守らない」からです。金融機関が信用するのは、約束を守る会社です。

定刻開始、定刻終了を実現するためのポイントは、次の3つです。

①「マニュアル」を作成する
②「ダイヤ」を作成する
③「リハーサル（練習）」をする

①マニュアルを作成する

経営計画発表会には、式次第のマニュアルがあり、半年前からの準備と、当日のタイムスケジュール（分単位）が細かく決められています。

フロアガイドのつくり方、写真撮影の枚数、撮影のタイミング、サインペンの数、パーティーグッズの選び方、撤収のしかたまで細かく明記されているため、誰が担当になっても運営できる仕組みです。

当日の司会進行も社員が務めています。台本には、ト書き（セリフ）まで書いてあるので、司会者は一人の例外もなく、ただ読み上げるだけです。固有名詞を変えるだけで、途中の文章は30年以上変わらない。

発表会終了後は、担当者が集まって改善点を洗い出し、マニュアルを修正します。加筆、修正を加えることでマニュアルの精度が高まります。

②「ダイヤ」を作成する

ダイヤとは、ダイヤグラムの略で、運行表のことです。私は経営計画発表会の前に自宅でリハーサルを行い、実際に声を出して経営計画書を読みながら、

「その方針を読むのに何分かかったか」

「この方針を読み終えたときの通過時間は、何時何分か」

を書き込んで、ダイヤをつくっています。黙読と音読では読むスピードが違うため、本番を想定して、「声に出して読む」ようにしています。

時間が押した場合（時間が足りなくなった場合）を考慮して、「どこを読み飛ばすか」を決めておき、ダイヤに「パスあり」と書き込んでおきます。

発表会当日はダイヤを見ながら、「遅れているのか、時間通りか、進んでいるのか」を確

事前に作成した「ダイヤ」を見ながら経営計画を発表する

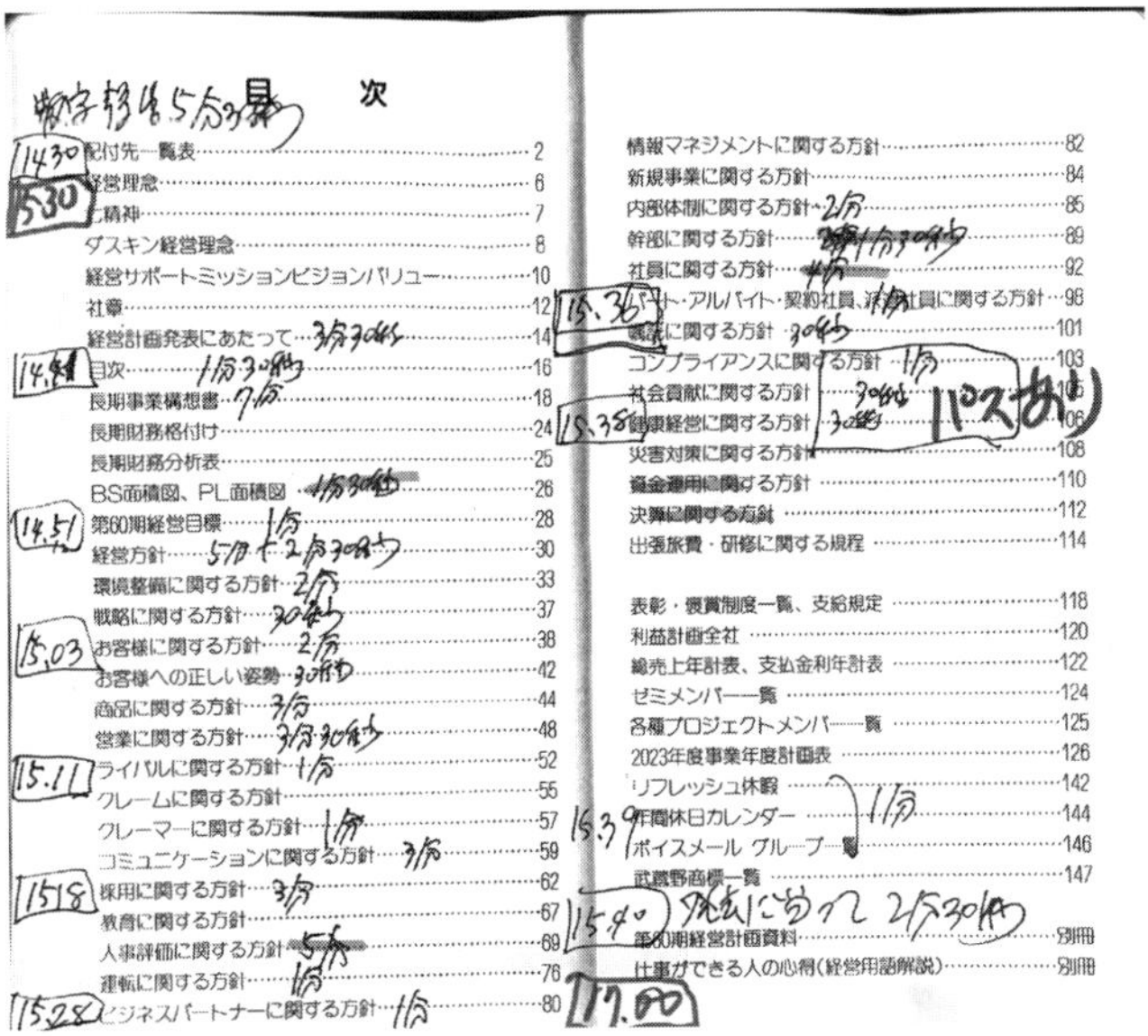
目次

配付先一覧表……2
経営理念……6
[illegible]精神……7
ダスキン経営理念……8
経営サポートミッションビジョンバリュー……10
社章……12
経営計画発表にあたって……14
目次……16
長期事業構想書……18
長期財務格付け……24
長期財務分析表……25
BS面積図、PL面積図……26
第60期経営目標……28
経営方針……30
環境整備に関する方針……33
戦略に関する方針……37
お客様に関する方針……38
お客様への正しい姿勢……42
商品に関する方針……44
営業に関する方針……48
ライバルに関する方針……52
クレームに関する方針……55
クレーマーに関する方針……57
コミュニケーションに関する方針……59
採用に関する方針……62
教育に関する方針……67
人事評価に関する方針……69
運転に関する方針……76
ビジネスパートナーに関する方針……80
情報マネジメントに関する方針……82
新規事業に関する方針……84
内部体制に関する方針……85
幹部に関する方針……89
社員に関する方針……92
パート・アルバイト・契約社員、派遣社員に関する方針……98
[illegible]に関する方針……101
コンプライアンスに関する方針……103
社会貢献に関する方針……[illegible]
健康経営に関する方針……106
災害対策に関する方針……108
資金運用に関する方針……110
決算に関する方針……112
出張旅費・研修に関する規程……114
表彰・褒賞制度一覧、支給規定……118
利益計画全社……120
総売上年計表、支払金利年計表……122
ゼミメンバー一覧……124
各種プロジェクトメンバー一覧……125
2023年度事業年度計画表……126
リフレッシュ休暇……142
年間休日カレンダー……144
ボイスメール グループ……146
武蔵野商標一覧……147
第60期経営計画資料……別冊
仕事ができる人の心得(経営用語解説)……別冊

認しています。

③リハーサル（練習）をする

経営計画発表会に出席する社員は、本番の前に入念なリハーサルを行います。「拍手のしかた」「唱和のしかた」「経営計画書を読むときの手の高さ」まで徹底して練習します。

経営計画発表会を毎年開催している武蔵野でさえ、リハーサル（練習）を怠ると、拍手と声が揃わなくなります。金融機関の方に、一糸乱れぬ社員の姿勢、一枚岩になった社員の姿勢、一丸となった社員の姿勢を見せるには、リハーサルが不可欠です。

経営計画発表会当日は、午前中に約3時間、みっちりリハーサルをします。事前リハーサルにおいて、「起立、礼、挨拶」の動作の見直しと練習を徹底。発声練習では、測定機器を使用して全員の声が「100デシベル」を超えるように指導しています。

5 経営計画発表会には、正しいやり方がある

「間違ったやり方」をすると、かえって評価を下げる

経営サポート事業部は、経営サポートパートナー会員に対し、武蔵野の幹部社員が手取り足取りで経営計画発表会の指導をしています。会員企業の中でも右肩上がりの会社は、定期的に武蔵野の指導を受けています。

「間違ったやり方をすると、金融機関の評価が下がる」

「緊張感を持ってリハーサルを行うことで、発表会の精度が上がる」

からです。

経営サポートパートナー会員の3社（A社、B社、C社）が、「○×銀行△△支店」から融資を受けていたとします。

この3社が経営計画発表会を開き、「○×銀行△△支店」の支店長を招待すると、どうなると思いますか？　△△支店の支店長は、

「A社、B社、C社の経営計画発表会を比較する」

ことになります。

支店長に「3社とも武蔵野さんの指導を受けているはずなのに、A社の経営計画発表会は、B社、C社と比べると、一体感に欠けていた」と思われると、A社は経営計画発表会を開催しているにもかかわらず、低い評価を受ける。

ある会社の経営計画発表会では、来賓への礼節を欠き、社員が会場の花道（舞台上から客席中へと延びている通路）を、来賓が会場の端を通って入場したことがありました。

こうした間違いをなくすためにも、外部の指導を入れ、緊張感を持ってリハーサルに臨むことが大切です。

「武蔵野ブランド」を活用して融資を引き出す

武蔵野で学ぶことがひとつのブランドの役割を果たし、融資を受けやすくなることがあります。

A社が武蔵野の経営サポートパートナー会員になり、初めて経営計画発表会を開催します。すると、実力のある支店長や勘のいい融資担当者は、発表会の様子を見て、「この会社は武蔵野で学んでいる」ことを理解します。

そして、「武蔵野で学んでいるのであれば安心だ」と考え、無担保で融資をしてくれることがあります。

経営サポートパートナー会員同士で金融機関を紹介することもあります。武蔵野で学び、金融機関との取引実績のあるB社の社長がA社を紹介すると、金融機関は「B社の社長の紹介なら信用しても大丈夫だろう」と考え、融資に前向きになってくれます。

⑥ 銀行訪問を成功させる9つのポイント

借入金の使い道を報告するのは社長の責務

多くの社長は、金融機関からお金を借りても、

「そのお金をどのように使ったのか」

「そのお金がどのように利益を生み出しているのか」

を報告していません。報告をしないから金融機関は信用できない。信用できないから担保や保証を求めます。


金融機関は、「貸したお金を返してくれるかどうか」を重視して融資をします。したがって**融資を受けた社長は、定期的に銀行訪問をして「資金の使い道」と「返済財源が確保できていること」を報告すべきです。**

【銀行訪問の目的】

・金融機関の信頼を得るため（金融機関を不安にさせないため）

自社の現状（売上・経費・利益・今後の事業展開、融資が必要なタイミングなど）について報告することで、融資担当者の不安を取り除くことができます。

・金融機関の融資姿勢を知るため

「この銀行はお金を貸したがっているのか、貸したくないのか」といった、金融機関のスタンスを見極めることができます。

フジ精密株式会社（岐阜県大垣市／清水章社長）は、生産ラインの運営代行、プラスチック製品の製造・加工を請け負う会社です。清水章社長は、武蔵野の研修プログラム、「銀行訪問同行」に参加したことがあります。

「小山社長から、『支店長の見送りがあるかないかで、融資の姿勢がわかる。訪問を終えて私が銀行から出るとき、外まで見送りをしてくださる銀行は融資に前向きで、見送りのない銀行は融資額が増えにくい』と教えていただきました。

実際に銀行訪問を始めてみると、小山社長のおっしゃる通りでした。外まで見送りをしてくださった支店長とは融資の話が進みましたが、見送りのない支店長は当社にさほど興味を持っていないことがわかりました」（清水章社長）

銀行訪問を成功させる9つのポイント

銀行訪問のポイントは、次の9つです。

【銀行訪問のポイント】
①経営者が自ら訪問する
②年3〜4回訪問する（定期的に訪問する）
③「いつ訪問するか」を伝えておく

④毎回違う幹部社員を同席させる
⑤訪問時間は、1行につき「15～20分以内」に留める
⑥どの銀行にも「同じ話」をする
⑦「悪い話→良い話」の順番で話をする
⑧金融機関の担当者に数字を直接記入してもらう
⑨資金需要は平等に公開する

それぞれ詳しく解説します。

①経営者が自ら訪問する

銀行訪問を経理担当者に任せてはいけません。社長が自ら訪問します。理由は、次の2つです。

・経理担当者は「数字」（実績）の報告はできますが、今後の事業展開の詳細については説

明ができない場合があります。

事業計画は社長の頭の中にあるので、社長が説明すべきです。

・社長が訪問する場合と、経理担当者がひとりで訪問する場合では、金融機関の対応が変わります。

ある支店長が**「50億円以上の売上がある会社で、3ヵ月に1回、社長が自ら銀行訪問をする会社はほとんどない」**と言っていました。だからこそ、社長の誠意を見せられる。社長の銀行訪問が金融機関の信頼を得るための手段となるわけです。

②年3～4回訪問する（定期的に訪問する）

定期的に訪問したほうが、金融機関は融資先企業のお金の流れを把握しやすくなります。

私の場合、3パターンで訪問しています。毎月3、4行ずつ訪問をして、会社の現状を報告します。

「1月／1パターン：A銀行、B銀行、C銀行」
「2月／2パターン：D銀行、E銀行、F銀行」

「3月／3パターン：G銀行、H銀行、I銀行、J銀行」

といったように3パターンに分けて訪問し、4月以降も、パターン1、パターン2、パターン3を繰り返しているため、1行につき、年4回訪問する計算です。

銀行訪問は、回数が多いほど金融機関から信用されます。なぜなら、回数が多くなるほど、社長は嘘がつけないからです。

年に1回だと、悪い報告をごまかすこともできますが、3ヵ月に一度のペースだと、嘘がつけない。だから金融機関は安心します。

定期的に銀行訪問をして、嘘をつかず、会社の現況を報告することで、銀行の信頼を得ることができます。

③「いつ訪問するか」を伝えておく

わが社の経営計画書には、事業年度計画（年間スケジュール）が明記してあり、いつ銀行訪問をするか、銀行訪問の日程を1年先まで組み込んでいます。金融機関にも銀行訪問する日時をお伝えしています。

銀行訪問日を初めて経営計画書に記したとき、ある銀行の支店長に、「小山社長、この手形を落とすのは大変ですよ」と言われました。

支店長が「手形」と表現したのは、「決めた日時に訪問して会社の現状を報告するのは、約束手形を切るのと同じくらい大変であり、もし約束が守れなければ、御社の信用を失うことになりかねない」からです。

そこで私は、支店長に言いました。

「大丈夫です。手形を落とせないときは、前にジャンプします」

「手形ジャンプ」とは、約束手形の支払期日に決済が困難になった際、手形支払先への支払いを後ろに延ばすことを言います。

ですが私は、「前にジャンプする」と伝えました。つまり、日程の変更をしなければいけないときは、「訪問予定日より前に訪問する」ことにしたのです。そうすれば、必ず手形を落とすことができます（金融機関から支店長不在の申し出があった場合は、その日の訪問は担当者だけでいいと伝えて訪問します）。

私は今まで、銀行訪問の期日を守らなかったことは一度もありません。

【訪問日の決め方】

・一般的に金融機関は、「月初、月末、五十日（5と10のつく日）」が忙しいので、この日は避ける。
・訪問するのは午前中が望ましい。閉店（午後3時）間際は避ける。
・行数が多い場合は、日を分けて訪問する（武蔵野のようにパターン分けする）。

1行目の訪問は、開店時間の午前9時。私は、開店5分前に銀行に着き、シャッターの前で開店を待ちます。開店時間前から待つのは、誠意を示すためです。シャッターが上がったときに私が支店長の目の前に立っていれば、まっさきに挨拶ができます。

④毎回違う幹部社員を同席させる

幹部社員を同席させるのは、「社内の組織改革を進めるため」です。

社長の私が「全行から融資を断られた」と社員に伝えても、社員はことの重大さを理解しようとしません。

ところが、銀行訪問に同席した幹部社員が「今日、銀行訪問に同行したら、どの金融機関も融資に消極的だった。融資を受けられないと自分たちの賞与にも影響があるかもしれない」と報告をすると、一般社員は緊張感を募らせます。「職責が下位の人の発言ほど、社員は信用する」ものです。

⑤訪問時間は、1行につき「15〜20分以内」に留める

私は午前中に3、4行訪問しますが、1行に費やす時間は、「20分以内」と決めています（コロナ禍以降は滞在時間を15分に短縮）。

私の場合、季節の挨拶や雑談はせず、必要最小限のことだけを報告します（数字と現状報告、金融機関から質問があった場合は、その回答）。

話す内容と順番については、事前に整理して、簡単なメモをつくっています。

【滞在時間を短くしたほうがいい理由】

・忙しい支店長も、「必ず20分で帰る」ことがわかっていれば「会おうか」という気になってくれます。

・コミュニケーションは回数であり、1回の訪問時間を長くするより、1回の訪問時間は短くても、回数を多くしたほうが信頼関係が生まれます。

私は腕時計をしていませんが、どの金融機関でも、1行の訪問時間が「15～20分」できっちり終わります。どの金融機関のどの会議室に通されても、「どの席に座れば、掛け時計が見えるか」がわかっているからです。

株式会社ジェイ・ポートの樋下茂社長も銀行訪問を行っていますが、「1行の滞在時間は30分から1時間。無駄話や世間話が多かった」と反省を口にしています。

樋下社長も私の「銀行訪問同行」に参加した経験があります。そのときの感想（自分と小山昇の違い）を次のようにまとめています。

・どの銀行でも、無駄話をしない。1行の訪問時間が「15分」できっちり終わる。
・どの銀行でも、同じ話を同じ順番で話す。話す内容や条件を揃えなければ、各行の違いがわからないため。
・良いことも、悪いことも、嘘をつかずに報告する。
・資金需要の情報を「どの銀行にも平等に」話している。また、他行との取引情報も伝えている。

・支店長の表情や、銀行内の様子を細かく観察している。銀行の定点観測を行い、銀行側の「貸したい」というサインを見逃さない。

・金融機関に媚びることも、ケンカを売ることもなく、ビジネスパートナーとしてフェアな交渉をしている。

・「有利な条件で融資を引き出すための強かさ」はありながらも、金融機関の立場をきちんと考え、win-win になるように配慮している。

⑥どの銀行にも「同じ話」をする

銀行訪問は、

「どの金融機関にも、同じ話を同じ順番でする」

のが基本です。

同じ話を同じ順番ですると、

「この銀行（支店）はお金を貸したがっているのか」

「この銀行（支店）は融資を控えているのか」

といった、銀行、支店、支店長の違いや変化をつかむことができます。

金融機関は「どこも同じ」ではありません。融資に対する考え方や方針は、それぞれ違います。同じ金融機関であっても、支店によって対応が違いますし、同じ支店でも支店長が変われば方針が変わります。その違いを見極めるには、同じ話を同じ順番でするのが最善です。

私は、いつ、何を、どの順番で話したか忘れないために、経営計画資料にメモをしている（次ページ参照）。

⑦「悪い話→良い話」の順番で話をする

良いことだけでなく、自社に都合の悪いことも包み隠さず、嘘偽りなく報告します。

多くの社長は、銀行に良いことしか話したがりません。悪いことは隠したがります。隠したがるのは、「赤字だと融資が受けられない」と思い違いをしているからです。

たとえ赤字でも、

「どうして赤字になったのか」

「その赤字をなくすためにどのように対処していくつもりか」

「経営計画資料」にメモをして
どの金融機関にも同じ話を、同じ順番でする

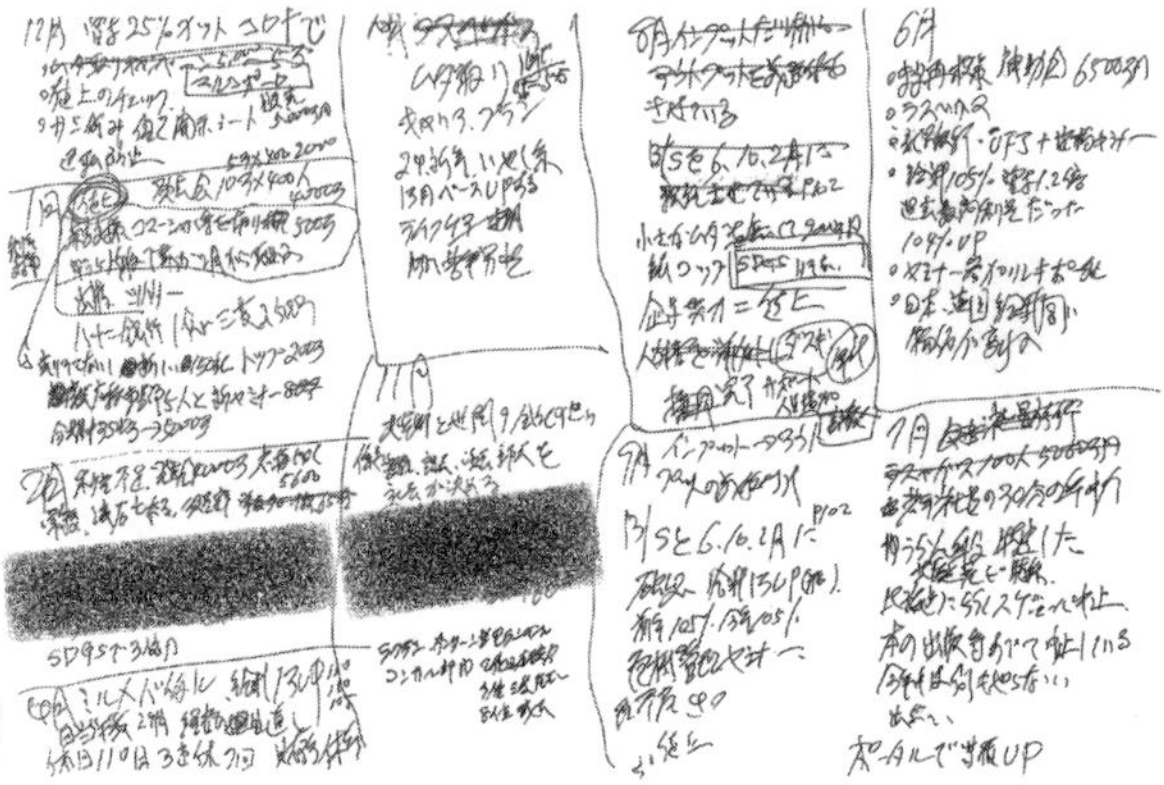

をきちんと報告できれば、金融機関は支援をしてくれます。

金融機関が評価するのは「良いことばかり言う社長」ではなく、「良いことも悪いこともできるだけ早く報告してくれる社長」です。説得材料を差し出すことができれば、「悪いこと」の報告を怖がる必要はありません。

金融機関は、「返済能力がある相手には貸したい」と考えているため、「貸したい」と思わせる材料を提示することが大切です。そのためには、最初に悪いことを話し、次に「結果が出なかったのは、○○○○が原因だが、すでに対策済みである」「A事業の売上は鈍っているが、その代わり、

B事業は堅調である」

といった「明るい材料」を提示します。

人間には親近効果といって「最後に与えられた情報が印象や判断に強く影響する」という心理効果があるため、

「悪いことは先、良いことはあと」

に伝えるほうが、支店長の心証を良くできます。

【話す順番】

（1）会社の数字

銀行訪問をしたら、最初に「数字」を報告。

同行するわが社の社員が、実績（損益計画の当月、累計、支払利子年計）を口頭で読み上げます。

（2）会社の現状と今後の展望

数字の報告が終わったら、今度は私から、会社の現況や今後の事業計画、トピックス、他行の融資状況などを報告します。

他行の融資状況まで報告するのは、金融機関は横並びだからです。「他行が、武蔵野にお金を貸した」という実績は、「当行も貸せる」という安心材料になります。

新規事業を始めたときは、その事業がどのように推移しているかを、現業とは別に、報告します。

「現業はこうこうこうで、今までと同じように推移しています」

「新しいことは、こうこうこうで、売上がこれくらい伸びています」

このような報告ができれば、金融機関は安心して融資を続けてくれます。

⑧金融機関の担当者に数字を直接記入してもらう

私が社員を同行させているように、金融機関側も支店長ひとりではなく融資担当者を同席させています。銀行訪問の内容を記録するためです。

融資担当者は、わが社の社員が読み上げる実績（数字）をお渡ししてある経営計画書に記入していきます。

融資担当者が本店に稟議を上げる際、資料として武蔵野の経営計画書が審査部に渡ります。このとき、わが社の経理がコンピュータから出力した数字と、銀行の融資担当者が手書きした数字では、あきらかに後者のほうが説得力はあります。

⑨資金需要は平等に公開する

銀行訪問は、「各行に対して、平等に情報を公開する」のが前提です。

融資が必要であれば、すべての金融機関に「これこれ、こういう理由で、いついつまでに、いくら資金が必要です。貸していただけますか?」と相談します。

借入先が決まったら、各行に報告します。

「前回お話した資金需要の件は、取引のある銀行すべてに説明させていただきました。その後、○○銀行さんが対応してくださり、借入が決まりました」

他行が貸したことがわかれば、支店長や融資担当者に「損をした。貸しておけばよかった」と思わせることもできます。

仮に、A行とB行2つの銀行から「貸したい」という申し出があった場合、基本的には、**「両方から借りる」**のが正しい。とくに事業を拡大している過程にあるなら、「利息を払ってでも、額を借りる」ことを優先します。

金融機関は実績主義であり「過去にいくら貸したか」で融資できる金額が決まるため、借入金を増やすことで「自社の融資可能額のキャパシティ」を増やすことも可能です。どちらかに絞る場合は、私は「最初に声をかけてくれた銀行」を優先しています。同じ日に申し出があった場合は、条件の良い金融機関を選びます（ただし、1行からの借入額が借入総額の55％を超えないようにバランスを取ることも大切です）。

銀行訪問を始めるタイミングは経営計画発表会の翌日

なお、これまで銀行訪問をしてこなかった社長が銀行訪問を始めるタイミングは、経営計画発表会の翌日、参列いただいたお礼を伝えにいったときです。

広島県でアミューズメントや宿泊、保育園事業を展開する**東洋商事株式会社**の長谷川康垣社長（広島県広島市）は、経営計画発表会の翌日に金融機関を訪問したところ、その場で融資の提案をされました。

「こんなことは初めてでした。昔は1億円だった手元資金が銀行訪問を続けて、今は10億

円です。『お金の余裕が心の余裕』と小山社長がおっしゃっていることを実感しています」（長谷川康垣社長）

アフターコロナの銀行訪問でわかったこと

新型コロナウイルスの影響で、金融機関が変わりました。頭取が訪問した会社は潰さないと噂があった**「頭取銘柄」は、消えてなくなった**。

新潟県で住宅建設、オフィスから工場、公共施設工事まで幅広く地域に密着して事業を展開している**株式会社田中組**（田中康太郎社長）が、経営計画発表会参加のお礼でA銀行を訪問したときのことです。支店長が、**企業の格付けをする定性情報の中に、「心理的安全性が担保されている会社かどうか」が新たに会社訪問で見る項目に入った**と話をされた。2023年の春から経営幹部が支店長会議で貸出先を見るとき意識するようにと発言をしているそうです。理由は、金融機関も離職率が高く、離職対策を行う仕組みを構築している会社を評価するとのこと。会社の心理的安全性をどのように高めるかは拙著『儲かる会社」の心理的安全性』（SBクリエイティブ）を読んでください。

２０１５年に誕生する人数と亡くなる人数がクロスして、人口減が始まりました。以前は、武蔵野は販売戦略をメインにしていたが、人材戦略にシフトチェンジをしました。

人口減は、世の中を大きく変えています。

神社仏閣に毎年訪れる人が減少して、Ａという神社仏閣は、勉強をしていないから、金融機関から根抵当権がついた融資を受けています。金利は14～15％です。

私は、経営サポート会員の社長が困っているのに気づいても、教えない。教えると鬱陶しく思われるからです。社長が自分から、Ｂ／Ｓ・Ｐ／Ｌ・銀行借入一覧などの資料を持参して相談に来れば、懇切丁寧に指導します。損得なしに手間と時間をかけます。経営サポート会員企業の社長からは毎朝相談のメールが入る。お金の借り方や金利・抵当権の外し方など、質問はさまざまです。質問の内容と回答は、会員全員にオープンにしています。ただし、Ｍ＆Ａとプライベートの話はオープンにしません。**２００１年から２０２３年まで倒産した会社はゼロです。**

CHAPTER 5

実例「銀行交渉&B／S経営術」

事例❶

阪神佐藤興産株式会社

ライバル会社との競争に勝てるのは、年商に近い現預金があるから

代表取締役 社長……佐藤祐一郎
本社所在地……兵庫県尼崎市
事業内容……塗装工事、防水工事、建築工事、光触媒コーティング工事、塗料販売、戸建て住宅専門外壁リフォームサイト『ぬりかえDr.』運営

手元資金を増やし、地場ゼネコンを圧倒する

阪神佐藤興産株式会社はかつて（先代の時代）、「有手形無借金経営」でした。建設業界は古くからの商習慣として手形を使っています。阪神佐藤興産も、資金が不足気味のときは、手形を割り引いていました。『小さくても勝てる！』の著書もある佐藤祐一郎社長が事業を引き継いでからは、積極的に借入れをして、事業の拡充を進めています。

「大手企業と取引をする場合、回収サイトが長くなるため、手元資金（現預金）を厚くする必要があります。工期が2～3ヵ月の場合、半年から8ヵ月間、長いときは1年間も入金のない状態が続くため、手元資金に余裕がなければ、請け負うことができません。

発注先に『着手金や中間金を払ってほしい』とか『半金半手（半分を現金で、あとの半分を手形で回収する条件で行う取引）でお願いしたい』と条件を提示すれば、おそらくライバル会社に仕事を取られてしまうでしょう」（佐藤祐一郎社長）

現預金は、ライバル会社との戦いを有利にする武器です。**現預金量の多さが競争力に直結しています。**阪神佐藤興産と同規模の地場ゼネコンには、「1年間も支払いがない仕事」を受注するだけの資金的余力はありません。

たとえ受注額が大きくても、入金が着工の1年先の仕事を受けたい業者はいません。一方、阪神佐藤興産には、「年商にほぼ匹敵する現預金」があるため、厳しい支払い条件にも耐えることができます。

支払利息を「実質ゼロ」にする方法

阪神佐藤興産は現在、9行と取引をしています。金融機関から融資の提案があったときは、「基本的にすべて受ける。その代わり、お客様を紹介していただく」のが佐藤社長のスタンスです。

「自社で新規開拓を行うより、金融機関にお客様を紹介していただいたほうが、商談を確実に進めることができます。また、資金の面で考えても、金融機関からの紹介はメリットがあります。金融機関から紹介していただいた仕事の利益から、借入金の利息を支払うことができるからです。**紹介いただいた仕事の中で、ひとつでも受注できれば、年間の利息は実質ゼロになります**」（佐藤祐一郎社長）

事例❷　株式会社MOTOMURA

社長と幹部社員が、力を合わせて会社の未来をつくる

代表取締役 社長……本村真作
本社所在地……埼玉県朝霞市
事業内容……製本事業、経営計画書作成事業、物流（代行・加工）事業、外国人技能実習制度運営組合、アジア高度人材紹介事業

幹部の数字への感度が上がった

株式会社MOTOMURAの本村真作社長は、武蔵野の「経営計画書作成支援合宿」に参加する際、幹部社員3、4人を同行させ、幹部とともに長期事業計画（5年間の数字）を立案しています。幹部を同行させる理由は、「最高の幹部教育になるから」です。

「B／Sベースで5年間の長期計画をつくることで、幹部社員の数字の感度が上がる」と本村社長は実感しています。

「長期計画を作成することで、幹部社員は『P／Lの数字が決算に直結するわけではないこと』『利益が出ることと現預金が増えることは違うこと』『黒字でもキャッシュが不足すること』などを理解し始めています。数字とお金に対する理解を深めるためにも、これからも継続的に、社長と幹部が一緒になって未来の数字をつくっていこうと考えています」

（本村真作社長）

また、本村社長は「社長と幹部が寝食をともにしたことで、『社長に対する見方が変わった』」と感想を述べています。

「幹部社員は私のことを『ちょっとおかしい人』だとか、『変態的な人』と思っていたようです（笑）。ですが、合宿に参加して、私以外の経営者とご一緒したことで『経営者というのは、みんな変わっている。固定観念や常識に縛られない変態ばかりだ。変態でなければ社長は務まらない』ことがわかったそうです（笑）。『私だけがおかしいわけではない』ことがわかったからか、合宿に参加して以降は、以前よりも私の決定に反対しなくなった気がします」（本村真作社長）

事例❸

金鶴食品製菓株式会社

金融機関に支えられ、工場火災からいち早く復旧する

代表取締役 社長……金鶴友昇
本社所在地……埼玉県八潮市
事業内容……ナッツ、ドライフルーツの輸入、加工、販売

定期的な銀行訪問が会社を救った

２０１９年６月、**金鶴食品製菓株式会社**の工場で火災が発生。生産設備の約６割が機能不全に陥る事態に見舞われました。

金鶴社長は、翌朝一番で取引のあるすべての金融機関に電話をかけ、「急激な業績悪化の要因ができた。６割ほど生産能力が落ちる予定である」ことを報告しました。

その日の午後、金融機関の担当者が日本酒を持って「お見舞い」に来たそうです。実はこのお見舞いには、工場と社長（社員）の様子を定性的に把握する意味合いも含まれています。

「日頃から環境整備を徹底していたので、後片づけの手際はよかったと思います。銀行の融資担当者がお見えになったころには、７割がた、片付いていました。融資担当者からは、『すごい回復力ですね』『大きなトラブルに直面したとき、すぐに連絡をくださる社長はめったにいません』と、事後の対応を評価していただきました。

「当社は毎年1月と2月にお金を借入れています。火災の影響もあって、2019年の業績は芳しくありませんでしたが、それでも融資が打ち切られることもなく、例年どおり融資を受けることができました」（金鶴友昇社長）

火事を起こしても融資を受けることができたのは、金鶴社長が定期的に銀行訪問を続け、良いことも悪いことも隠さずに開示して、信頼関係を築いてきたからです。

お金を払い時間を買って、復旧期間を大幅短縮

生産能力が戻るまで、当初は「半年かかる見込み」でしたが、

・同業他社に代わりにナッツを焼いてもらう

・**通常の3倍のお金を払って、生産設備の修理を急いでもらう**

といった対策を打った結果、**「2ヵ月」で復旧**しました。

金鶴食品製菓の緊急支払い能力が低かったら、同業他社に代わりに焼いてもらうことも、3倍のお金を払って修理を急がせることもできなかったはずです。

金鶴社長は日頃からB／Sをベースに経営をしているため、「火事から立ち直るために、いくらまでなら使うことができるのか」を把握していました。だから、3倍の修理料金を払うのにためらいはなかった。

3倍のお金を払ってでも早く工場を稼働させたほうが、利益は出ます。**金鶴社長は、お金を払って時間を買う決定をした。**だから、早く立ち直ることができたのです。

事例❹

利益は見解・現金は現実株式会社（仮名）

メインバンクを変更することで、黒字化を実現

代表取締役 社長……運野良人（仮名）
本社所在地……………Z駅から徒歩0分
事業内容………………明治時代からの商品も扱う

返済額は激減、根抵当権も外れた

利益は見解・現金は現実株式会社（仮名、以下R社）は、2015年から、経営サポートパートナー会員として、武蔵野で勉強をしています。

R社の売上はなだらかな減少傾向にあって、あるときメインバンクのA銀行から、次のような提案がありました。

「これ以上赤字が続くと融資はできません。継続的な融資を希望されるのであれば、こちらが用意するコンサルタントを入れて、経営を立て直してください」

運野良人社長（仮名）から、「銀行が用意したコンサルタントを入れると、銀行の意のままになってしまう。どうしたらいいか」と相談を受けた私は、すぐにA銀行の融資担当者と面会することにした。

私は融資担当者にこう宣言しました。

「私の責任において、R社さんを1年以内に必ず黒字にします。ですから時間をください」

「営業体制の見直し」「売り場、フロアの見直し」「人材配置の見直し」「テナント料の見直し」などに着手して、有言実行。R社の業績は上向き始めました。

ところが、黒字に変わったにもかかわらず、A銀行は、再度「こちらで用意したコンサルタントを入れてほしい」と提案をしてきた。

なぜA銀行は、コンサルタントを入れることにこだわったのでしょうか。

その理由は、R社が所有するビルが地下鉄の出口直結の好立地にあったからです。土地とビルには根抵当権がついていたため、R社が手放せば、A銀行のものになります。

「A銀行は、R社の不動産を手に入れたいという思惑がある。だからこそコンサルタントを派遣して、銀行主導の経営を望んでいるのではないか。コンサルタントは、土地と建物を手放す方向で事業計画を立てるのではないか」

私はそう推測し、次の手を打ちました。

「A銀行との取引をやめて、サブバンクのB銀行をメインバンクにする」ように、運野社長にアドバイスをした。

「B銀行に出向き、『メインバンクであるA銀行との取引をやめて、御行に乗り換えたいと思っていること』『融資をしていただきたいこと』『根抵当権ではなく抵当権にしてほしいこと』を伝えました。断られたらどうしようと内心穏やかではなかったものの、B銀行の支店長は引き受けてくださいました。小山社長いわく、『**ライバル銀行のお客様を獲得できると、支店長の評価が上がる**』そうです。A銀行に代わって当社のメインバンクになることは、B銀行にもメリットがあったのでしょう。

長期で借入れることができるようになったため、毎月の返済金額は6分の1に減り、金利も激減。キャッシュフローが良くなっています。経常利益もプラスです。借り換えのときに設備資金も入れていただけたので、ビルのリニューアルも進めています」（運野社長）

事例❺

鶴見製紙株式会社

繰り上げ返済はせずに、年商以上の現預金を確保する

代表取締役　社長……里和永一

本社所在地…………埼玉県川口市

事業内容……………リサイクルパルプ(再生紙100%)のトイレットペーパーの製造と販売による環境貢献ビジネス、機密書類の溶解、再資源化

約定通りの返済が信用につながる

鶴見製紙株式会社の長期借入金（すべて固定金利）は現在約125億円。保有する現預金は約82億円です。年商よりも多い長期借入金を借りてでも現預金を保有する理由は、里和社長が

「何があっても雇用を守る」
「スピーディーに設備投資する」
「市場のニーズに応える」

という決意を持った経営者だからです。

ですが、かつての里和社長は、「利息を払い続けるのはもったいない。当面の現預金は確保できているので、金利の高い長期借入金は繰り上げ返済をしたほうが利益は出る」と考えていました。

「私はこれまでに、計画性のない借入れと設備投資で『あわや倒産』の危機に直面した経

験があります。『このままでは潰れてしまう』という不安から不眠が続き、やがて心身を喪失して入院を余儀なくされました。もうあんなに苦しい思いは二度としたくない。ですから、『お金があるうちに返済を終わらせたほうがいい』と考えました。

固定金利の融資を繰り上げ返済すると、繰り上げ返済違約金を支払うことになりますが、違約金を払ってでも繰り上げたほうが得をすると思えたのです。

ところが、小山社長に相談をすると、『返したらダメ』と即答でした（笑）」（里和永一社長）

私が繰り上げ返済に反対した理由は、おもに2つあります。ひとつは**「利息を払ってでも現預金を増やしたほうが経営は安定する」**から。

2つ目は、**金融機関は「期限の利益」（融資をすることで得られる利息）を計算している**からです。

繰り上げ返済をすると、期限の利益が失われます。すると当然、支店長の評価は下がります。それは、自社が困っているときにお金を貸してくれた支店長に砂をかけることだと私は思うのです。

金融機関とは、「かけた恩は水に流して、受けた恩は石に刻む」という思いを持って取引をしたほうがいい。約定通りの返済を行うからこそ、信用につながります。

「現在は、小山社長の教えに従い、基本的には『金融機関から提案があったら、無担保かつ長期で借りる』『複数行から提案があったら、すべて借りる』というスタンスで現預金を増やしています」(里和永一社長)

鶴見製紙は、個人保証も根抵当もなく、120億円超の融資を受けています。里和社長がお金を返したいと言っていたときよりも多く借りているが、支払利息は3000万円減少した。借入金額が多いほど、金利は下がります。

2022年4月から2023年3月は、エネルギー高と古紙原料高騰で**4億5000万円の経常赤字でした。2022年8月に値上げできたが焼け石に水。にもかかわらず、銀行は折り返し以上に貸してくれた。**2023年2月には2回目の値上げに成功。エネルギー価格が下がり、古紙原料の価格も落ち着いたこと、ガスの補助金が出たことに加え、アスクルのルートと、沼津市のふるさと納税の返礼品が伸び、2023年4~9月の半期で売上56億円、経常利益6億円に回復しています。減価償却は半期で5億4000万円です。

「無担保でお金を借りることができるのは、経営計画書、経営計画発表会、銀行訪問の3種の神器のほかに、工場見学が大きな役割を果たしているからです。かつて鶴見製紙の工場は『日本一汚い製紙工場』と揶揄されていましたが（笑）、隅々まで環境整備（整理整頓活動）を徹底した結果、現在は当社のショールームとなりました。

工場見学は融資担当者に定性情報を提供する場であり、『明るく、元気で、清潔な工場』と『明るく、元気で、清潔な社員』を見ていただく好機です」（里和永一社長）

鶴見製紙の工場がどのように変わっていったかは里和社長の著書『100年企業のすごすぎる製紙工場』をご覧ください。

社長の入院時に2億円の融資が決まった理由

里和社長が東日本大震災後の過労で入院をしたとき、A銀行のB支店長から運転資金として2億円の融資があったそうです。里和社長が入院しても鶴見製紙は盤石でした。なぜなら現預金があるから。B支店長も『鶴見製紙の返済能力が高い』ことを理解していたため、融資をしたのでしょう。

B支店長が別の支店に異動になる際、里和社長が「その節は本当にありがとうございました。療養中にもかかわらず融資していただき、心から感謝をしています」とお礼を述べると、支店長は「里和社長は、私が着任したときに深紅のバラの花束を贈ってくださいましたよね」と話したそうです。

「小山社長から『**支店長が交代するときは、深紅のバラの花束を贈るといい**』と教わっていたので、その教えを今でも愚直に守っています。転勤、就任、異動の際に花束を贈ることで、特別な思い（社長の姿勢）を伝えることができます」（里和永一社長）

付録

小山昇の“実践”
銀行交渉用語集

PART 3

※PART1は『無担保で16億円借りる小山昇の“実践”銀行交渉術』、PART2は『99%の社長が知らない銀行とお金の話』(いずれもあさ出版)に掲載しています。

粗利益額

001

粗利益とは、売上高から商品の仕入れ代金、材料費を差し引いたもの。会社の実力は、売上よりも粗利益額で決まる。

粗利益率

002

売上に占める粗利益の比率。商品の組み合わせと数量で決まる。扱い数量を増加させると、粗利益率は上がる（売上は同じでも数量を変えると全体の粗利益率も変わる）。

インタレスト・カバレッジ・レシオ　003

利息を支払うだけの十分な利益を獲得できているか判断するための指標。数値が高いほど安全性が高いと判断できる。

売上　004

売上は「いくら売れたか」。売上が上がらない理由はおもに3つ。「①売るための努力をしていないか」「②売れる商品を仕入れていないか」「③品切れを起こしているか」。売上は増やしても売掛金は増やさないのが正しい。

売掛金

005

商品の売上代金を後日受け取れる権利のこと。できるだけ減らし、回収サイトをできるだけ短くする。

お金の棚卸し

006

2月と8月に行う。お金を他の銀行に移す。経理の不正を防ぐことができる。

007
折り返し融資

返済した範囲内でもう一度融資を受けること。

008
貸倒損失

売掛金、受取手形、貸付金、未収入金、立替金の回収ができなくなった場合に行う損失処理のこと。お客様が倒産した場合、翌日からの毎月の売上が減るため、「危ない」と思われる先へは売らない。

借入金

009

経営者であれば、「絶対にすべき」もの。無借金経営は基本的にありえない。利息を払うことで、お金を借り入れることができる。経営計画書、銀行訪問、経営計画発表会の3点セットが融資を引き出す3種の神器。

キャッシュフロー

010

入ってくるお金と出ていくお金の流れのこと。

キャッシュフロー額

011

営業キャッシュフロー、投資キャッシュフロー、財務キャッシュフローの合計で現預金の増減がわかる。

業績

012

ビジネスで得られる成果のこと。中小企業の業績は、外的要因ではなく、内的要因で決まることが多い。業績を上げるには、現場を変えること。

緊急支払い能力 013

緊急時の支払い能力。目安は月商の3倍以上の現金・普通預金額。

繰り上げ返済 014

毎月の返済とは別に、借入額の一部（または全額）を返済すること。繰り上げ返済は基本的にしないこと。金融機関から融資を受けて現預金を持っていれば、会社が赤字でも倒産しない。金融機関は「何があっても返済をしてくれる会社」にお金を貸す。月商の3倍の普通預金（最低でも月商と同額の現金）を確保しておけば、金融機関は「この会社はキャッシュポジションがいい（手持ちの現金がたくさんある）」と判断し、融資をしてくれる。

黒字倒産　015

商品が売れて帳簿上は利益が出ているにもかかわらず、支払いに必要な資金が不足し、倒産すること。

経営者保証に関するガイドラインの法改正　016

経営者保証を提供することなく資金調達を受ける場合の要件等を定めたもの。2023年4月に一部改正され、金融機関は個人保証を求めるにあたって、「どの部分が十分ではないために保証契約が必要となるのか、個別具体の内容」「どのような改善を図れば保証契約の変更・解除の可能性が高まるか、個別具体の内容」ついて説明をする義務がある。

経費 017

コントロール不可能な費用。企業の利益向上のためには、経費削減は重要な施策のひとつ。幹部社員の仕事。社長の仕事は粗利益額の増加。販売促進費を減らすと企業間競争に負ける。

経理 018

不正防止には定期的な担当替えが必要。

月次決算 019

実績や財政状態を把握するために毎月実施する決算のこと。毎月1日に全社と事業部の売上と経常利益を報告する。スピード優先。完璧でなくていい。月次で数字の管理をしている会社は「透明性が高い」と判断されるため、金融機関からの融資も受けやすい。

減価償却 020

時間が経つにつれて資産価値が減っていくという考え方。固定資産の購入にかかった費用を購入した年に一度に経費とするのではなく、耐用年数（使用可能な期間）に分割して計上する。

在庫

在庫は借入金で成り立っている。不良在庫は値引きして売るか、廃棄する。

021

債務償還年数

現在の利益やキャッシュフローで、借入金を何年で返せるかを見るための指標。債務償還年数が長いほど、借入額が大きいことを意味しマイナス評価となる。

022

残業削減

023

残業削減によって増えた利益は、会社に貯め込むのではなく、社員に還元する。

資金運用 024

何があっても会社を潰さないための社長の方針。勘定科目の取り方で資金繰りが大きく変わる。意図的に勘定科目の数字を変える。資産の部はより上位科目へ。負債の部はより下位科目へ。

資金繰り 025

売上が増加したからといって手放しで喜んではいけない。100利益が出ても40は税金で、30は予定納税。内部留保が30残っても、普通は同額に見合う在庫と売掛金が増加する。さらに借入金の返済も回ってくるため、お金が不足しやすい。

026 資金ショート

事業に必要な資金が不足すること。収支のバランスが崩れ、支払いに必要な資金が不足する状態。

027 実質無借金経営

現預金が借入金よりも多い状態（あるいは、現預金と借入金が同額状態）のこと。借入金を上回るキャッシュ（現金、有価証券）を確保できていれば、実質的には無借金経営が保たれている。借入金を返済しようとすればいつでもできる。

証書貸付 028

融資条件（金額、返済条件、金利等）を記載した「金銭消費貸借契約証書」という契約書に判子を押して融資を受ける。手形貸付よりも多額の融資を受けられるが、手形貸付に比べ、「収入印紙」が高い。

除却損

固定資産を廃棄処分した際に発生した損失を計上するときの勘定科目。

029

数量

売上は相場の影響を受けるため、時系列で比較しても正確な変化を把握できない。正しく数字を分析するには「数量」を見ることが大事。

030

設備投資

031

すべて長期借入金でまかなうのが健全。赤字が黒字になった翌年と、急激に利益が出た翌年は設備投資をしない。税金と予定納税にお金がかかるため。

棚卸資産 032

社内に残っている在庫のこと。製品、原材料、販売収益を得るために使用する事務用消耗品なども含まれる。流動資産だが売れないと現金化できない。

手形貸付 033

金融機関に対して、約束手形を振り出す形式の融資。

当用買い

余分な在庫を持たず、必要に応じて物品などを発注して購入すること。

０３４

内部留保

税引き後の利益から、配当などを支払ったあとに残るお金。「利益剰余金」。中小企業にとって大切なのは、「内部留保を増やすこと」ではなく、未来のために投資を続けること。

０３５

ピンチ

０３６

何かを変えるチャンスのこと。問題を解決すれば飛躍できる。

不渡り

037

期日に資金が足りず、振り出した手形の決済ができない状況。6ヵ月以内に2度の不渡りを出すと「銀行取引停止」の処分を受け、実質上は倒産する。

前受金

038

商品やサービスを引き渡す前に、その商品代金の一部または全額を受け取ること。予約販売の代金、学校や塾の授業料、旅行の申込料金など。負債の扱いだが、基本的には返さないため、どんどん増やせば手持ちの現金が増える。

回し手形　039

受け取った手形を、自分の仕入先などへの支払にあてるために裏書譲渡する。裏書譲渡とは、手形に記載された額面金額を受け取る権利を他者に譲ること。

約束手形　040

振出人（金融機関）・受取人（会社）・金額・支払期日などを記載し、振出人が手形の期日に全額支払うことを約束した有価証券（経済産業省は、企業間の支払いに使う紙の約束手形について2026年をめどに廃止する方針）。

041 融資予定証明書

金融機関が「融資します」と認めた事業者に対して発行する証明書。この証明書があれば、確実に融資を実行させることができる。

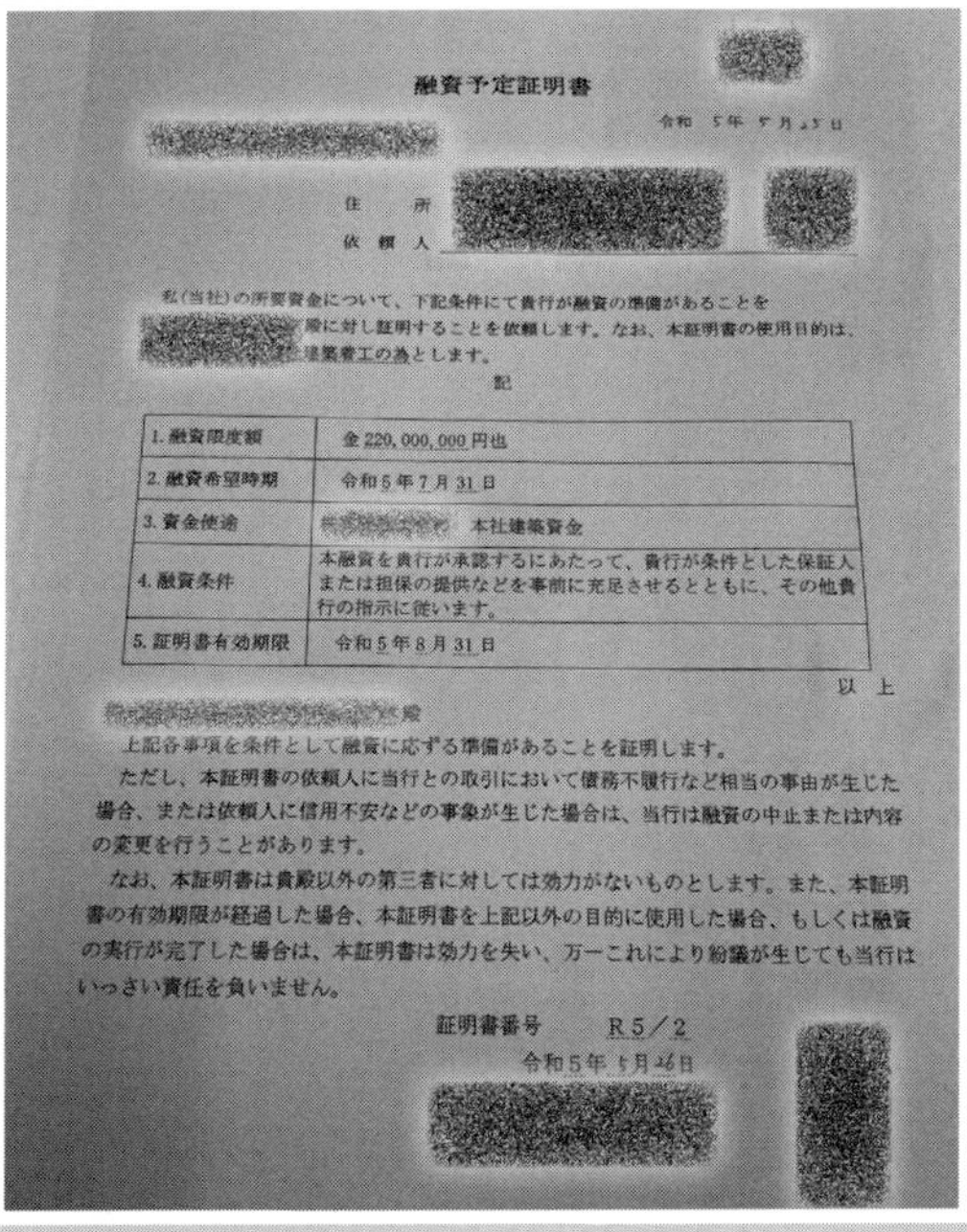

融資予定証明書

令和 5年 5月 25日

[redacted]

住　所 [redacted]
依頼人 [redacted]

私（当社）の所要資金について、下記条件にて貴行が融資の準備があることを[redacted]殿に対し証明することを依頼します。なお、本証明書の使用目的は、[redacted]建業着工の為とします。

記

1. 融資限度額	金220,000,000円也
2. 融資希望時期	令和5年7月31日
3. 資金使途	[redacted] 本社建築資金
4. 融資条件	本融資を貴行が承認するにあたって、貴行が条件とした保証人または担保の提供などを事前に充足させるとともに、その他貴行の指示に従います。
5. 証明書有効期限	令和5年8月31日

以　上

[redacted]殿

上記各事項を条件として融資に応ずる準備があることを証明します。

ただし、本証明書の依頼人に当行との取引において債務不履行など相当の事由が生じた場合、または依頼人に信用不安などの事象が生じた場合は、当行は融資の中止または内容の変更を行うことがあります。

なお、本証明書は貴殿以外の第三者に対しては効力がないものとします。また、本証明書の有効期限が経過した場合、本証明書を上記以外の目的に使用した場合、もしくは融資の実行が完了した場合は、本証明書は効力を失い、万一これにより紛議が生じても当行はいっさい責任を負いません。

証明書番号　R5／2

令和5年5月26日

[redacted]

利益

042

利益は、仕入れコストなどを差し引いて「いくら儲かったか」。他人から与えられるものではなく、自分で稼ぐもの。

リスケジュール

043

リスケとも呼ばれ、金融機関からの借入金の返済条件を変更すること。「毎月の返済額を一定期間、減額する」「返済期限を延長する」などの変更を行う。歯を食いしばって厳しい経営に取り組み業績が向上すれば現預金が潤沢になる。

著者紹介

小山昇（こやま・のぼる）

株式会社武蔵野代表取締役社長
1948年山梨県生まれ。東京経済大学卒。1976年日本サービスマーチャンダイザー（現・武蔵野）に入社。一時期、独立して自身の会社を経営していたが、1987年に株式会社武蔵野に復帰。1989年より社長に就任。赤字続きだった武蔵野を増収増益、売上 75億円（社長就任時の10倍）を超える優良企業に育てる。2001年から同社の経営のしくみを紹介する「経営サポート事業」を展開。現在、750社超の会員企業を指導。450社が過去最高益、倒産企業ゼロとなっているほか、全国の経営者向けに年間240回以上の講演・セミナーを開催している。1999年「電子メッセージング協議会会長賞」、2001年度「経済産業省・大臣表彰」、2004年度、経済産業省が推進する「IT経営百選・最優秀賞」をそれぞれ受賞。2000年度、2010年度には日本で初めて「日本経営品質賞」を2回受賞。2023年「DX認定制度」認定。
本書は10万部を突破し、多くの経営者から支持されている「銀行交渉術シリーズ」待望の最新作。初公開のノウハウも多数掲載されている。本シリーズは、お金を貸す側の金融機関の評価も高く、複数の金融機関で研修用テキストとしても使われているほか、「銀行の担当者に渡したら融資が決まった」などの“伝説”も多い。
『データを使って利益を最大化する超効率経営』『4万人の社長・幹部がベンチマークしたすごい会社の裏側（バックヤード）！』『小山昇の“実践”ランチェスター戦略』『99%の社長が知らない銀行とお金の話』『無担保で16億円借りる小山昇の“実践”銀行交渉術』（以上、あさ出版）、『「儲かる会社」の心理的安全性』（SBクリエイティブ）、『新版 経営計画は1冊の手帳にまとめなさい』（KADOKAWA）、『改訂3版 仕事ができる人の心得』（CCCメディアハウス）などベスト&ロングセラー多数。

1%の社長（しゃちょう）しか知（し）らない
銀行（ぎんこう）とお金（かね）の話（はなし）

〈検印省略〉

2023年 12 月 31 日　第　1　刷発行

著　者——小山 昇（こやま・のぼる）
発行者——田賀井 弘毅

発行所——株式会社あさ出版

〒171-0022 東京都豊島区南池袋 2-9-9 第一池袋ホワイトビル 6F
電　話　03 (3983) 3225（販売）
　　　　03 (3983) 3227（編集）
F A X　03 (3983) 3226
U R L　http://www.asa21.com/
E-mail　info@asa21.com
印刷・製本　文唱堂印刷株式会社

note　http://note.com/asapublishing/
facebook　http://www.facebook.com/asapublishing
twitter　http://twitter.com/asapublishing

ISBN978-4-86667-664-7 C2034

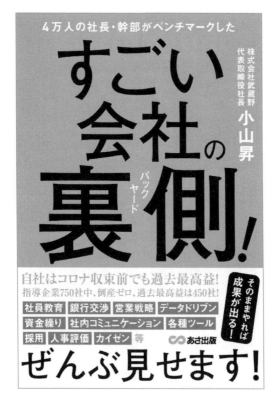